刊行にあたって
～社会教育をはじめる　あなたへ～

　30年ほど前のことです。社会教育の研修会で顔見知りになったある町の婦人会長さんからお土産をただいたことがありました。「また来てくださいね」の言葉に，満面の笑みを添えて新聞紙にくるんだキンセンカの花とほかほかの饅頭をわざわざ空港まで届けて下さったのです。想像するに，研修会終了後の限られた時間の中で，急いで家に戻って饅頭を蒸かし，丹精した庭のキンセンカを添えて届けて下さったのでしょう。饅頭のほのかなぬくもりを通して，人のやさしさがほのぼのと伝わってきました。その地にしっかりと根を張った土くさいキンセンカとあたたかい饅頭。人と人とのつながりを基盤に進める社会教育は「饅頭とキンセンカ」のような教育だと思いました。

　私は社会教育が好きです。それは定まった教育内容・方法を持たない教育だからです。社会教育は，住民の声や地域の姿を物差しに，「住民が学びたい」「住民に学んでほしい」と担当者が願う学びの場や機会をつくることができる自由度の高い教育です。社会教育活動にかかわる者のアイデンティティや創意が生かせる面白い教育だと思います。

　社会教育は，住民にとっては任意性の高い教育です。何を学ぶか，いつ学ぶか，どんな方法で学ぶか等について，住民が自由に選択できるという特質を持つ教育なのです。

　だからこそ，社会教育担当者には休日や夜間に学びの場を設定したり，住民にとって魅力的な内容や切実な課題について学ぶ機会を提供したりすることに，常に汗をかき続けることが求められているのです。「学びたい」「学ばなければならない」という住民の学習意欲を高めるために，創意工夫を凝らしながら企画を提供し続ける社会教育担当者やさまざまな地域活動に取り組む人たちに，敬意を抱いています。私は熱心に社会教育活動に取り組む人たちが大好きなのです。

　社会教育は，住民の現実の日々の暮らしと近未来のふるさと像をつなぎながら，地域課題を具体化するとともに，住民の協学・協働によって，人を育み，人をつなぎ，みんなが「住みたい，住み続けたい，もどってきたい」と願う元気なふるさとづくりを目指す魅力的な教育と言ってもいいでしょう。

　今，人口減少，少子高齢化，過疎化，核家族化等を枕詞に，ふるさとの近未来への不安を多くの人が語っています。予測不能で変化の激しい社会が到来する中，その不安が現実化しています。

一方，学びと実践を通した住民主体のまちづくりを展開するための，社会教育推進体制の劣化が危惧される現状にあります。社会教育機能の低下は，まちづくり機能の低下に直結します。新しい時代に即応する社会教育推進体制の整備は喫緊の課題です。

　これからの社会教育を考える上でのキーワードは，「つながり」と「協働」だと考えています。低下する地域の教育力の現状を見直し，束ね直すとともに，さまざまな世代，多様な分野と協働できる新たな社会教育推進体制の構築が，今強く求められています。

　時代が求める課題や地域の学習ニーズ等を読み解きながら進める，不定形で自由度の高い社会教育の役割は，今後ますます重要になっていくことでしょう。

　本書では，上述した社会教育への思いを基盤に，

○社会教育関連法令や中央教育審議会及び長崎県社会教育委員会の答申等，これからの社会教育を展開するための根拠

○社会教育行政や社会教育関係団体等の現状と課題

○人口減少，少子高齢化等を背景に活性化する多様な社会活動を踏まえた今後の社会教育の方向性

○多世代・多分野協働（地域のつながり）を実質化する多機能型の小さな拠点づくりに向けた方策

○協働等をキーワードにした県内実践の紹介

などについて整理していきたいと思います。

　「誰ひとり取り残さない持続可能な地域社会」を「地域みんなの力」で実現することを行政・住民の共通課題にするとともに，学びや活動を通した「つながりづくり」が社会教育の重要なミッションです。掛け声だけの「連携」から，学びと活動を共有できる「協働」が，私たち社会教育にかかわる者に期待されていることです。

　人口減少等が急速に進展する現状の中で，ふるさとの活性化を実現することは，簡単なことではありません。簡単なことではないからこそ，「ふるさと」に深く根を張った，「ふるさと」を諦めない夢と志とを展開軸にした，挑戦的で楽しい仕事，それが社会教育だとも思っています。

　本書が，ひとつずつ，少しずつ，一歩ずつの「現状を変える」ための社会教育の弛まぬ歩みを進めるための一助となることを願っています。

令和3年10月

長崎県社会教育支援「草社の会」

江　頭　明　文

目　　次

刊行にあたって～社会教育をはじめる　あなたへ～

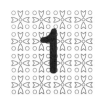# 1 社会教育を知る ————————————

（1）生涯学習を知る

　人生 100 年時代は，生涯学習時代とも言えます。2006（平成 18）年に制定された，教育基本法第 3 条は，

> 　一人一人が，自己の人格を磨き，豊かな人生を送ることができるよう，その生涯にわたって学び続けるとともに，学びの成果を適切に生かすこと

を生涯学習の理念として示しています。

○子どもから高齢者までが，それぞれのライフステージに応じて，あらゆる機会，あらゆる場所で，多様な内容について学び，その成果を生かすこと，この一連の流れが生涯学習です。

○資料 1 で示しているように，学びの成果の活用や地域還元は，新たな課題の発見と新たな学びの創造につながります。課題と学びの連鎖，それが生涯学習とも言えるでしょう。

○私たちが生きるこれからの時代には，技術革新，高度情報化，気候変動（地球温暖化），感染症等の多くのグローバル課題が待ち受けています。また，私たちが暮らす地域社会にも，人口減少，少子高齢化，核家族化，過疎化（限界集落化）等がもたらす深刻なローカル課題が存在しています。人生 100 年を，より豊かなものとするためには，学ぶこと，学び直すこと，行動し解決することが必須要件です。生涯学習の強調は，先行き不透明で，加速度的に変化していく社会を生きる私たちにとって，「学ぶこと，学び続けること，学びの成果を生かすこと」が不可欠であることを示しています。

○しかし，先述した「生涯学習の理念」は，正しく理解されていない状況にあり，「生涯学習＝社会教育」という誤った理解や，「公民館やカルチャーセンターでの学び≒生涯学習」的な限定的で矮小化されたイメージを持っている人たちが多いことが残念でなりません。

○例えば，学校教育法第 30 条には，「生涯にわたり学習する基盤が培われるよう，基礎的な知識及び技能を習得させるとともに，これらを活用して課題を解決するために必要な思考力，判断力，表現力その他の能力をはぐくみ，主体的に学習に取り組

むた態度を養うことに，特に意を用いなければならない。」とあります。生涯学習の基盤形成のための諸能力を育成することが，学校教育の大切な役割として位置づけられているのです。

○また，家庭教育においても，各自の人生を支える基本的な生活習慣の形成や自立心の育成，調和のとれた心身の発達の育成に努めることを，教育基本法第10条において，父母

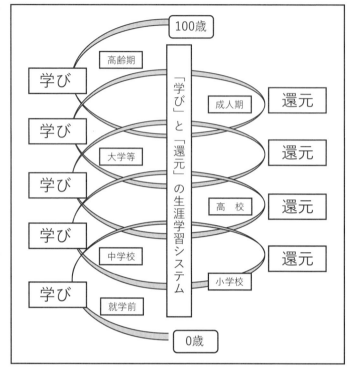

資料1 「学び」と「還元」の生涯学習システム

等の保護者に促しています。

○このように生涯学習は，学校教育，家庭教育を含む理念なのです。そして，家庭教育，学校教育，社会教育のつながりの中で具現化される，学びと成果活用の繰り返しによって，ようやく生涯学習の理念は実現されるのです。

(2) 生涯学習と社会教育

○当たり前のことではありますが，子どもたちは，学校教育だけで育っているわけではありません。子ども会，社会体育活動，社会貢献活動，放課後児童クラブ，放課後子ども教室等々，「学校の教育課程以外の組織的教育活動」の中でも成長しているのです。

○また，成人した後も，PTA，婦人会，老人クラブ，自治会あるいは公民館活動，各種サークル，カルチャーセンター，職場等での意図的・組織的な活動の中で学び続けています。

○学校教育は，国が定める学習指導要領に基づいて編成された，児童生徒を対象とした，教育課程の範囲内，しかも学齢期間に限定される教育です。それに対して社会教育は，資料2で示すように，学齢期にある児童生徒を含め，全世代を対象とする，

100年間と言われる人生のすべてを網羅する教育なのです。

○社会教育は，学習者の興味・関心及び地域あるいはライフステージに応じた課題等を踏まえて構成されたプログラムに沿って進められる，実際生活に即した教育活動です。

○社会教育は，学習者の興味・関心等を基盤に進められる教育ですから，参加の有無，学習内容や学習方法，学習時期等の選択等も含めて，学習者の主体性に委ねられた，任意性の高い教育活動でもあります。

○激変する社会や時代の流れの中で，生涯学習の理念を踏まえた学習者の主体性を基盤に，

・新たな知識や技能等を習得すること，学び直すこと。

・学びの成果を自分の仕事や立場に生かすこと。

・生活者として，種々の活動を通して地域社会の活性に寄与すること。

の実質化に向け，社会教育への期待はますます大きくなっています。

資料2 「人生100年時代」の生涯学習

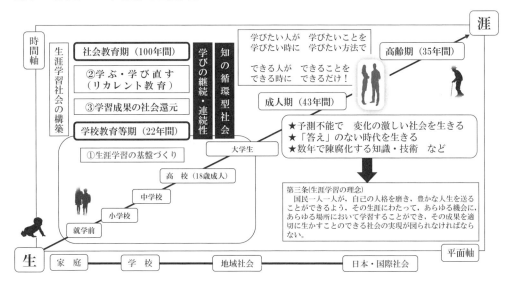

（3）社会教育を知る

① 「法」に見る社会教育

○ 1949（昭和24）年に制定された社会教育法第2条は，社会教育の定義として，以下のように示しています。

社会教育法

第2条（社会教育の定義）

　この法律において「社会教育」とは，学校教育法…に基づき，学校の教育課程として行われる教育活動を除き，主として青少年及び成人に対して行われる組織的な教育活動（体育及びレクリエーションの活動を含む。）をいう。

　以下，法が示す社会教育の特徴について，いくつかの観点から整理していきます。

ア　社会教育の意義

　予測不能で変化の激しいこれからの社会を，より豊かに生きていくために，さまざまな，そして良質な学びを重ねていくことが求められています。教育基本法第12条は，社会教育を「個人の要望や社会の要請にこたえ，社会において行われる教育」と整理しています。つまり，個々人の要望に基づいて「学びたいことを学ぶ」ことと，社会や時代の要請等に基づき，地域社会の一員として「学ばなければならないことを学ぶ」という2つの側面があることを示しています。いずれにしろ実際生活に即した学びの中で，見識や技能を磨いたり，豊かな人間関係を構築したりするとともに，その成果を自らの生活に生かしたり，地域社会に還元したりすることを求めているのです。

　学びを通して，自己の知見を広げるとともに，人とつながり，学びの成果の還元によって個々の人生や地域社会を，より豊かに，より元気にしていくことが期待されているのです。

イ　社会教育と学校教育

　学校教育は，国が定める学習指導要領等に基づいて編成された教育課程を拠りどころに，主に学校内で行われる児童生徒を対象に行われる教育活動です。ただ，修学旅行や自然・社会体験活動等，学校外で行われる教育活動であっても，教育課程に基づく学校教育になります。逆に，学校内で行われる活動であっても，PTAや地域住民を対象に行われる講座や多様な主体が実施する学校支援活動等は，社会教育に当たります。

ウ　社会教育と家庭教育

　社会教育は「組織的な教育活動」ですから，家庭教育は含まれていないと考えられます。しかし，子どものしつけ等に関する家庭教育学級や子育て支援セミナー等は，保護者等の成人を対象に，「家庭教育」を内容として実施される組織的な教育活動，つまり，社会教育なのです。

　家庭教育そのものは社会教育には含まれませんが，家庭教育支援の教育活動は社会教育に含まれるのです。

また，社会教育法には，社会教育の対象として「主として青少年及び成人」と規定していますが，青少年や成人に限定しているものではありません。乳幼児施設で進められている保育や教育は，国が定めた保育指針や幼稚園教育要領等の基準に沿って進められる教育です。したがって，乳幼児は，直接的には社会教育の対象とは言えないかもしれませんが，乳幼児の体験教室や保育園・幼稚園で行われる父母，地域住民対象の教育活動等は社会教育活動に含まれると考えていいでしょう。

エ　組織的な教育活動

　社会教育は，「組織的な教育活動」と規定されています。したがって，偶発的な出会いの中で得られる学びは社会教育ではありません。「組織的な教育活動」についての明確な規定は示されてはいませんが，

- ・主催者（実施主体）が明確であること。
- ・教育目的が明確であること。
- ・対象が明確であること。
- ・目的実現のための学習内容，学習方法・手段等が明確であること。

など，青少年及び成人を対象として，実施主体による意図的で計画的な教育活動であることが，組織的教育活動の要件と考えられます。

オ　社会教育の範囲

　社会教育には「体育及びレクリエーション活動」も含まれています。放課後に運動場，体育館等の学校施設等を利用して行われているサッカーやバレーボール等の活動は，学校の教育課程外の活動であり，社会体育と呼ばれる社会教育活動です。最近は，スポーツ活動，レクリエーション活動だけではなく，さまざまな体験活動やボランティア等の社会貢献活動等も社会教育の範囲としてとらえられています。

②　社会教育行政の役割

　次に，社会教育法が規定する教育行政の役割について整理してみましょう。

○社会教育法第3条には，社会教育の奨励に必要な施設の設置及び運営，集会の開催，資料の作製，頒布その他の方法により，下記事項の実現に努めることを，国及び地方公共団体の任務として規定しています。

①　すべての国民があらゆる機会，あらゆる場所を利用して，自ら実際生活に即する文化的教養を高めることができるような環境を醸成するよう努めなければならない。
②　国民の学習に対する多様な需要に適切に対応するために必要な学習の機会の提供及びその奨励を行い，生涯学習の振興に寄与することとなるよう努めるものとする。

③　国及び地方公共団体は第1項（①）の任務を行うに当たっては，学校教育及び家庭教育との密接な関連性を有することから，学校教育との連携の確保に努め，及び家庭教育の向上に資することとなるよう必要な配慮をするとともに，学校，家庭及び地域住民その他の関係者相互間の連携及び協力の促進に資することとなるよう努めるものとする。

○社会教育は，実際生活に即する学びを「自ら行う」，自主性，任意性の高い学習活動ですから，学習者の多様なニーズ（個人の要望）や社会や時代が求める学習課題（社会の要請）に関する学習機会の提供・奨励，学習環境の整備等が社会教育行政の役割です。

○社会教育法が制定されてから70年以上が経過した現在，住民の学習ニーズは変化し，地域課題も多岐・多様になっています。したがって，時代や社会の変化に対応した「実際生活に即する学び」の充実・推進は，社会教育行政の極めて重要な今日的課題と言えるでしょう。

○また，法が規定しているように，生涯学習の理念である「学ぶこと，学び続けること，学びの成果を活かすこと」の実質化を図る機会や仕組みづくりも，社会教育行政の大切な役割です。

○加えて，複雑・多岐にわたる地域課題及びライフステージごとの課題の改善・解決に関する学習の展開に際しては，学校教育，家庭教育，社会教育の連携はもとより，子どもから高齢者までの多世代連携及び首長行政，NPO法人，企業等との多分野協働による教育推進体制づくりをリードしていくことも社会教育行政の大切な役割になってきています。

○県内全域を所管する都道府県と，直接的に行政サービスを担う市町村では，社会教育の推進・奨励に関する具体的な役割は異なります。そのことについては，社会教育法第5条（市町村の教育委員会の事務）及び第6条（都道府県の教育委員会の事務）に規定してあります。

ア　市町村の教育委員会の具体的な役割（社会教育法第5条　一部記載）

　・社会教育委員の委嘱
　・市町村所管の公民館，図書館，博物館等の設置及び管理
　・講座の開設及び討論会，講習会，講演，展示会その他の集会の開催と奨励
　・青少年のための社会奉仕体験活動，自然体験活動の機会の提供と奨励
　・家庭教育に関する学習機会の提供と奨励
　・社会教育における学習成果を活用した活動機会を提供する事業の実施と奨励
　　ほか

イ　都道府県の教育委員会の具体的な役割（社会教育法第６条　要約）
- 市町村の公民館及び図書館の設置・管理に関する指導・調査
- 社会教育を行う者の研修に必要な施設の設置・運営，講習会の開催
- 全県民の利活用を前提とした博物館，図書館等の社会教育施設の設置・管理
- 市町村教育委員会との連絡

○「法に見る社会教育」ということで，社会教育法の条文やその解釈等について記述してきましたが，社会教育推進のためには，その裏付けとなる法令について理解しておくことはとても大切なことです。行政職員であればなおのことです。

○関係法令や後述する答申等を知ることも，特に社会教育を始める人にとってはとても大切なことです。法令や答申が，社会教育行政や関係団体活動等の現状を振り返る視点になるとともに，新たな社会教育活動を構想・実践する起点になるからです。

○「社会教育法」を読んで，いつも思うことは，社会教育は学校教育に比べて自由度が高い教育だということです。

○学校教育は，法的拘束力を有する学習指導要領を踏まえて編成された教育課程に基づいて行われる教育です。学習指導要領は，全国で行われる学校教育の等質性を担保するための，各学校がつくる教育課程の基準を示しています。だから，小中高等学校の各校種の各学年に応じて，取り扱う教科及び目標，内容，指導時数等が細かく定められているのです。

○一方，社会教育は「学校の教育課程として行われる教育活動を除く」「主として青少年及び成人に対して行われる組織的な教育活動」の定義に基づいて，
- あらゆる機会，あらゆる場所を利用して，自ら実際生活に即して文化的教養を高め得るような環境の醸成
- 多様な需要を踏まえた学習機会の提供と奨励による生涯学習の振興

など大まかな内容が示されている程度です。確かに教育行政の事務についても記述してありますが，それも「地方の必要に応じて，予算の範囲内で」のただし書きが示されています。

○社会教育は学校教育のように，学習対象者，学習内容，取扱時数が決められているわけではありません。ある意味，非常におおらかな教育だとも言えるでしょう。

○地域の必要に応じ，予算の範囲内で社会教育行政担当者や公民館活動担当者の裁量で企画・運営ができる教育が社会教育なのです。学習対象，学習内容，学習方法，連携・協働の対象（人・組織），学びの成果還元の場や機会づくり等について，担当者の意図が反映できる自由度の高い，「面白い教育」だとも言えます。

○しかし，担当者に，社会教育に対する正しい理解や意欲が伴っていなければ地域住

民の新たな学習ニーズや拡大・顕在化する地域課題等との関わりが希薄な「前例踏襲型」の事業運営になってしまう恐れもある教育なのです。

○存分にやれるからこそ感じることができる面白味と，自由度が高い教育だからこそ生まれてくる危うさをはらむ教育，それが社会教育なのかもしれません。換言すれば，社会教育担当者の意欲や力量が如実に現れる教育分野だとも言えるでしょう。

 **ふるさとを想う** ─────────

(1) ふるさとの現状と近未来

　我がふるさと長崎県は，全国よりもはやいスピードで人口減少，少子高齢化が進行し，まちの姿や人々の暮らし等への影響が顕在化してきています。

　2021年に長崎県が策定した長崎県総合計画「チェンジ＆チャレンジ2025」によると，

○我が国の人口は，2010年の1億2,806万人をピークに減少局面に入り，2040年には1億1,092万人に減少し，2053年には1億人を割り込むものと予想されている。(国立社会保障・人口問題研究所：2017年中位推計)

○我が国の生産年齢人口（15〜64歳）は，1995年の8,726万人をピークに減少し，2040年には5,978万人（全体の53.9%）に減少すると予測されている。

○国内の外国人労働者は急増しており，2018年には146万人と2008年の約49万人と比べて，3倍に増加している。就業者全体に占める外国人労働者の割合も0.8%から2.2%へと上昇している。

○我が国の高齢者人口（65歳以上）は増加を続け，2040年の3,921万人をピークに減少に転じるものの，その割合は上昇を続け，2060年には38%を超える水準まで高まると推計されている。

○長崎県は人口減少，少子高齢化が，全国よりも早く進んでいる。

・長崎県の人口は1960年の176万人をピークに減少しており，2015年には約137万7,000人となり，このまま推移すると，2040年には105万4,000人に減少する見込みである。

・長崎県の高齢者人口は，全国よりも15年早い2025年にピーク迎え，2040年頃には，生産年齢人口が県人口の5割を切ることが予測されている。

・本県では2002年には死亡数が出生数を上回り，全国よりも早く自然減が始まっている。また，社会減（「転入数」―「転出数」）については，転出超過が常態化しており，その大半を若年者が占めている。

など我が国及び長崎県の厳しい将来見通しを示しています。

(2) 人口減少・少子高齢化等がもたらすこと

○私の家は，長崎市内中心部の高台に在り，人口減少，少子・高齢化が顕著な地域です。多くの地域がそうであるように，我が町も，若者の転出により，高齢者が残される町です。その高齢者も，年齢を重ねる中で，やがて坂の下の便利な地域に住居を求めたり，家族との同居や施設への入所に踏み切ったりすることによって，この町を離れていく人たちが年々増えてきています。町中に在りながら限界集落化が進んでいるのです。

○また，高齢社会は多死社会であり，独居化の進行による孤独死の報に接することも珍しくなくなってきています。その背景には，地域の人と人，家と家との「つながり」の希薄化の進行があります。

○深刻な状況を呈しながら，我が町の社会減，自然減は静かに，しかしその速度をあげながら進行しています。このような地域が全国的に広がってきています。

○国も長崎県も人口は減少の一途をたどることが見込まれています。今後，高齢者の数はますます増加し，子どもや生産年齢人口はますます減少していくことでしょう。

○全国に先んじて，人口減少，少子高齢化が進む長崎県においては，資料3に示すように，県民の生活，地域のあり様，教育などへの影響も先んじて顕在化，広域化，深刻化してきています。このことは顕在化等の速度は異なっても，我が国全体に共通する課題です。

資料3　人口減少・少子化・高齢化・過疎化等の影響

◆生活への影響		
○公共交通機関の路線廃止	→	交通の利便性の低下
○小売店・商店街の衰退	→	買い物アクセスの低下
○医療機関統廃合・撤退	→	医療・福祉サービスが受けにくくなる
○空き家の増加	→	生活環境への悪影響
○消防団員の減少	→	防犯・防災上の悪影響
○税収減	→	行政サービスの低下

◆結婚・子育てへの影響		
○若者の減少	→	結婚・出産への影響
○子育て世代の減少	→	子育てに関する悩みの増大

◆教育への影響

○児童生徒の減少 　　　　　　　→　　集団生活で培われる資質育成の困難性

○教職員数の減少 　　　　　　　→　　教育水準の低下

○部活動数の減少 　　　　　　　→　　部活動選択の困難性

○学校統廃合 　　　　　　　　　→　　長い通学時間

◆その他

○自治会加入者の減少・脱会者の増加

○社会教育関係団体加入者の減少・組織の衰退

【生活への影響】

○地域の人口の流出は，空き家の増加につながり，防犯・防火上の課題が顕在化してきました。地縁組織である消防団員の減少等とも相まって，防犯・防災は緊急に対応すべき重要な課題になってきました。

○人口減少は，地域の小売店の撤退や廃業につながります。また，利用者の減少に伴い，路線バスや鉄道の減便，廃線をもたらし，自家用車以外の交通手段が乏しくなってしまいます。一方で，交通事故の多発により，高齢者の自動車運転免許証の返納の促進が叫ばれています。しかし，運転免許証を返納したその日から食料品や日用品など生活必需品の買い物や医療機関の受診が困難になってしまう現実があります。

○長崎県はもとより，全国のいたる所で，買物弱者，医療弱者，交通弱者と言われる生活上のさまざまな困難を抱える人たちが増加してきています。

【自治機能・組織機能への影響】

○地縁に足場を置かない若年層の自治会離れや高齢に伴う自治会からの脱退により，自治機能の低下も顕著になっています。自治会役員の高齢化と後継者不足は深刻になってきています。県内では，1年間で自治会長を交代する地域も増えてきています。

○人口の多い都市部にあっても，生活様式の変化，価値観の多様化等を背景に人間関係の希薄化が進行しています。人がたくさんいても，独りがたくさんいるだけの雑居集団的地域になってきています。

○長い間，地域社会を支えてきた社会教育関係団体の衰退にも歯止めがかかりません。婦人会は加入者減，会員の高齢化，後継者不足で悩んでいます。高齢社会であるにもかかわらず，老人クラブの加入者も減少しています。そもそも社会教育の重要課題であった新たな時代に処すべき青年層の育成を目指してきた青年団は，組織自体

が存在しない地域が増加しています。伝統的に児童生徒の保護者の全入組織であったPTAも，任意団体であるが故に非加入の会員や県や市郡組織に加入しない単位PTA組織が増加し，足並みの乱れも顕著になってきています。本来，学習集団であるはずのPTAがイベント集団化してきていることも課題です。

○まもなく第一次ベビーブーム世代が後期高齢者になります。いわゆる2025年問題です。高齢社会は，病気や障害を持つ人が増える社会でもあります。まもなく認知症患者も700万人を超える時代が到来します。医療，福祉，介護，年金等さまざまな切り口から，「これから」への懸念が語られています。

○また，コロナウィルス感染症（防疫），地球温暖化に伴う豪雨やスーパー台風等の自然災害（防災）の多発等，生命・財産にかかわる切実な課題も顕在化してきています。

○深刻化する課題が山積する中，これまで地域を支えてきた「人のつながり」の希薄化が進行し，地域の対応力（自治機能・共助機能）が著しく低下してきていることが危惧されています。

【結婚・子育てへの影響】

○若者の減少によって結婚相手を見つけることの困難性が高まり，晩婚化傾向と相まって少子化にますます拍車がかかっています。

○核家族化の進行や人間関係の希薄化によって，地域で子どもを育む気風が減退するとともに，子育ての知恵の継承が困難になっています。

○子育てや教育に係る悩みを抱え込む親世代が増加してきています。そのことを背景とするさまざまな問題が増えてきています。

【教育への影響】

○資料4で示しているように，長崎県においては，少子化に伴う学校の統廃合が進んでいます。2003（平成15）年と2020（令和2）年を比べると，小学校数が100校，中学校数は27校減少しています。

○学校統廃合は，それまで学校が発信してきた体育的行事，文化的行事，地域との交流活動等の喪失に他なりません。それは同時に，学校区という児童生徒等との身近な交流拠点，地域構成員の協働拠点の喪失にもつながっていきます。学校という地域のコミュニティセンターを失い，一気に元気をなくしてしまう地域が増えています。

○また，学校統廃合によって学校区が拡大されます。通学，部活動の継続等の困難に伴い，児童生徒の負担軽減を図るために統廃合後の新たな学校の近隣地域に転居するケースも見られるようになっています。

○学校統廃合によって，地域に居住する児童生徒やそれまで地域活動を支えてきた親世代が減少している地域もあります。結果として，地域活力はさらに減退しています。

○学校小規模化に伴う人間関係の固定化や多様な考えに触れる機会の減少等，集団生活の中で培われる資質育成の困難性が学校統廃合の理由として挙げられています。

○しかし，そのことは学校に限ったことではありません。少子化や核家族化の進行等により，祖父母世代，父母世代と比較して，家庭という社会は明らかに縮小し，教育機能も低下傾向にあります。また，先述したように，人口減少がもたらす地域社会の共助機能の縮小・劣化により，子どもたちが多くの人の目の中で育つ環境も失われつつあります。

○資料5で示しているように，多くの人の目の中で育つ環境の瓦解，人と人との交わりの中で学びあう環境の劣化等，つながりの希薄化は家庭教育にも，社会教育にも，学校教育にもさまざまな影響を及ぼしています。

○学校教育も家庭教育も，地域という地縁を基盤に進められてきた教育です。学校，家庭を含めた「ふるさと」という地縁の再興，地域コミュニティの再構築は，社会教育の最重要課題です。

資料4　長崎県公立小中学校数の推移

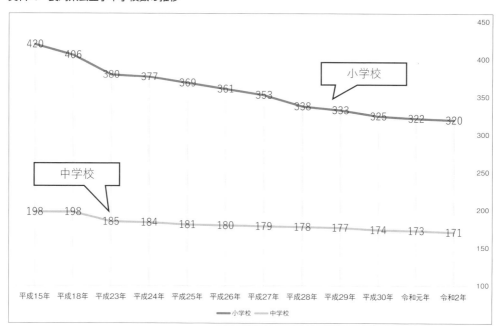

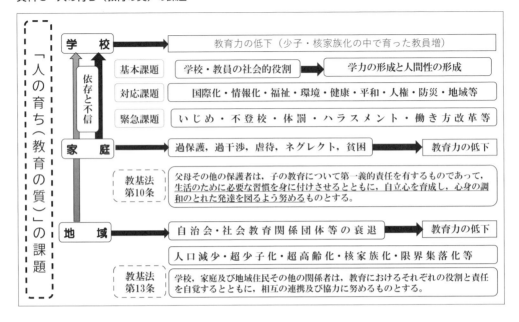

(3)「ふるさと」を学ぶ意義を考える

○人口減少，特に若者の県外流出に歯止めをかける施策の流れの中で，学校教育を中心に「ふるさと教育」の推進が強調されるようになってきました。

○一般に，ふるさと教育については自然・歴史・文化・産業・人物等，ふるさとに関する内容を学ぶことを通して，ふるさとへの誇りと愛着を育む教育と解されています。現に多くの学校でも，教育課程に位置づけ，総合的な学習（探究）の時間を中心にさまざまな学習活動が展開されています。

○人口減少や少子高齢化等に伴って拡大・深刻化する地域課題の解決に向けた学習も進められるようになってきました。地域の「ヒト・コト・モノ」との出会いやふれあいを通して，ふるさとが抱える課題を学び，その解決方策を整理・提言し，行政や議会，企業等と連携・協働した素晴らしい実践が増えてきています。

○しかし，児童生徒による地域課題解決学習への社会教育の関わりが希薄なことが残念でなりません。

○そもそも教育課程で定められた内容や配当された時間だけの，非日常の限定的な教育活動だけで，ふるさとへの誇りや愛着は育つものなのでしょうか。

○子どもたちの「ふるさとへの誇りや愛着」を育むためには，「ふるさとへの誇りと愛着」をもった親，地域の大人たちの存在が不可欠です。そもそも社会教育は，ふ

るさとを基盤に展開される教育活動です。社会教育の中で,「ふるさとを学ぶ」「ふるさとで学び活動する」大人たちの姿そのものが,子どもたちにとって意義ある教材となるはずです。

資料6　五島を生きる…

五島を生きる…

海があって　山があって　川があって……

降り注ぐ光があって　吹きわたる風があって……

そこに,五島そのものを生かした人々の営みが生まれ……

その営みが積み重なって歴史となり,独特の伝統や文化が育まれ……

やがて,五島の五島らしい香りが醸(かも)し出され……,

この島のこの島らしい日々の繰り返しの中から,

五島の人々らしい,ものの見方,考え方,生き方が紡ぎだされ……

君たちの祖父母や父母がそうであったように

そんな五島を,空気のように吸い,

衣服を纏(まと)うように身につけ,そして,今の君たちがある。

君たちの君たちらしさの礎(いしずえ)を育んでくれたのは

まぎれもなく,この五島である……

だから,ふるさと五島をリスペクトできる君たちであってほしい……

自らの「ふるさと」を胸張って語ることができなければ……

自らが「生きてきた時間」に誇りを持つことができなければ……

出会ってきた「人々への感謝」を抱くことができなければ……

君たちが,自らを「尊い存在」と感じることは,決してないだろう……

「ふるさと」は,場所ではなく,

君たちの中にある,ここに居たい,いつか帰りたいと思う心なのだから……

どこにいても　いくつになっても

五島を忘れて生きていくことなど,できはしないのだから……

だから,君たちには,ふるさと五島を確かに学んでほしい……

そして,これから始まる君だけの時間の中で,

さまざまな人間(ひと)との出会いを通して,

ふるさと五島が育んでくれた「君らしさ」を礎(いしずえ)に,

確かに,そして豊かに生きていくこと……

それが，ふるさと五島に対する君たちの責任，

　　　それが君たちの大切な仕事……

○資料6「五島を生きる…」は，地域課題解決学習に取り組む長崎県五島市内のいく
　つかの小学校・中学校・高等学校の児童生徒に講話をさせていただいた経緯から，
　私の「ふるさと教育観」を整理したものです。

○ふるさとという「空間」で，出会ってきた「人間」と重ねてきた「時間」そのもの
　が「ふるさと教育」であることを理解してほしかったのです。ふるさと教育は，決
　して教育課程の範囲の非日常の，限定的な教育ではないのです。

○例え小学生であっても，顕著な，そして急速な人口減少や高齢化がもたらすふるさ
　との姿やその変化には気づいています。それも敏感に。愛するふるさとが抱える課
　題解決の担い手，持続可能なふるさとの創り手として衰退するふるさとを支えよう
　とする存在でもあるのです。

○そして，子どもたちは，大人たちのふるさと観を「空気を吸うように，衣服を纏（ま
　と）うように」身につけていきます。だから，大人たちが子どもたちと持続可能な
　ふるさとづくりに向けた目標と活動を共有することが必要なのです。そこに，社会
　教育の大切な役割・出番があります。

（4）ふるさとの教育を想う

　　資料7で示すように，子どもたちが育つふるさとというステージには三つの縁（え
ん）でつながる教育があります。

　　　一つ目が，血縁の教育としての家庭教育，それは我が家の教育です

　　　二つ目が，学びを縁としてつながる学校教育，それは母校の教育です

　　　三つ目が，地縁の教育としての社会教育，それは，ふるさとの教育です

　　子どもたちは，日々営まれる我が家の教育，母校の教育，ふるさとの教育のつなが
りの中で学び，成長しています。

資料7　ふるさと教育のステージ

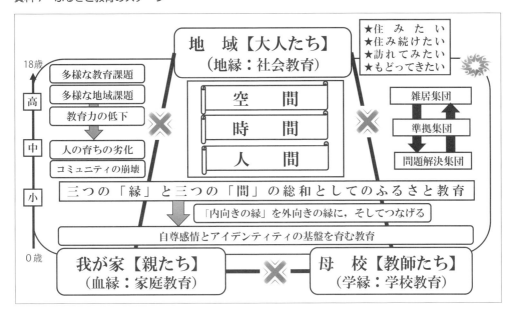

①　家庭教育とふるさと教育

○一つ目の家庭教育について，平成18年に改正された教育基本法は，

> **教育基本法**
>
> **第10条**（家庭教育）
>
> 　父母その他の保護者は，子の教育について第一義的責任を有するものであって，生活のために必要な習慣を身に付けさせるとともに，自立心を育成し，心身の調和のとれた発達を図るよう努めるものとする。

を示し，家庭教育における父母その他の保護者の役割と責任を明らかにしています。

○教育基本法改正の背景には，資料5で示したように，過保護・過干渉の教育やしつけによる子どもの育ちの歪みや子どもの生命にかかわるネグレクト，児童虐待等，養育者として資質・姿勢が問われる深刻な問題の多発等があると考えられます。国の根幹法である教育基本法に「父母その他の保護者は，この教育について第一義的責任を有するものであって…」を，敢えて明文化したのは，明記しなければならない養育者の現実があるからに他なりません。

○「子は親の鏡」という言葉がありますが，つまるところ，子どもの問題は，親の問題ということになるのでしょう。しかし，

　・核家族化によって，祖父母等の子育ての知恵が継承されないこと。

　・一人っ子家庭に象徴されるように，極端な少子化により，親の子育て経験を，次

に生かす場や機会がないこと。

・地域社会との関係が途絶し，子育ての悩みを相談する相手がいないこと。

・少子化・核家族化に伴う家族の縮小により，きょうだいが共に学びあう環境が失われてきていること。

・核家族化の進行や地域社会との関係の希薄化によって，家庭（教育）がブラックボックス化し，ネグレクトや虐待等，子育てにかかわる深刻な問題が顕在化しづらくなっていること。　　など

子育ての悩みの抱え込み，客観性の欠落した子育て，血縁・地縁との関係の途絶・希薄化による親の孤立，我が子のことより自分のことを優先する親として未熟さ等に起因する，子どもの生命や安全にかかわる，さまざまなそして深刻な課題が露呈してきています。

○子どもたちにとって，家庭は学校や社会で生きていくための，一番大切な「拠りどころ」です。ふるさとへの愛着と誇りの育成の基盤は，父母，家族，我が家へ誇りと愛着を育むことに他なりません。そして，父母，家族を愛する思いは，父母，家族から愛されるによってのみ育まれるのです。

○大人になって，ふるさとを離れて暮らし始めた時，最初に思い出すことが「家族」のことであってほしいと願います。「お父さん，お母さんの子どもとして生まれてきたことがうれしい」「この家族と過ごした時間が楽しかった」という思いを育むことが，ふるさと教育の原点だと思います。

○先述した通り，家庭教育そのものは社会教育の範囲に含まれませんが，親の悩みや課題を受けて行われる家庭教育学級や子育てセミナー等は，社会教育そのものです。家庭教育や子どもの育ちの現状を考える時，社会教育への期待は大きくなっていると言っていいでしょう。

○親の子育てを支える地縁の力の再興及び学校教育との連携・協働の強化も今後の重要な課題です。

②　学校教育とふるさと教育

○学校教育の社会的な役割は，学力と人間性を形成することにあります。子どもたちは，集団生活の中で，同級生や先生，地域の人々等との交流を通して，個々の能力を伸ばしつつ，社会において自立的に生きる能力基盤を形成していきます。

○少子化・核家族化が進行する中，集団生活を経験する場としての学校教育は，その重要性を増してきています。

○しかし，その一方で，さまざまな事由から学校に来ることができない子どもたちや

いじめ問題に悩む子どもたちが増えてきています。集団生活になじめず，人間関係に悩み，苦しんでいる子どもたちの目には，学校で出会った人間や学校で過ごした時間はどう映っているのでしょうか。

○学校で授業をする機会をいただいたとき，私はいつも「ふるさとの自慢と心配」について質問することにしています。子どもが減った，お年寄りが増えた，空き家が増えた，仕事がない等々，ふるさとの心配をたくさん発表してくれます。それに比して，ふるさとの自慢の発表はいつも少なく，その内容も限られています。ふるさとで生きる日常の中で，「ふるさとの良さ」を知らない，気づいていない子どもたちがたくさんいます。「ふるさとの良さ」を知る，気づく学習活動はふるさとへの愛着と誇りを醸成する基盤です。だから，ふるさとの自然・歴史・文化・産業・暮らし・人物等について学ぶのです。

○ふるさとの自然・歴史・文化・産業・人物等について学ぶことは，とても大切なことです。しかし，それだけがふるさと教育のすべてではありません。学校教育，特に義務教育は，ふるさとで営まれている教育活動ですから，平素の教育活動のすべてが，ふるさと教育なのです。

○やがて母校となる学校を振り返る中で，「あの学校に通えてよかった」「あの先生たち，あの仲間たちに出会えてよかった」など，学校生活における日常的で，実感を伴った豊かな時間の積み重ねを通して，母校やふるさとへの誇りや愛着が育まれていくのだと思います。

○「ふるさとについての教育（内容）」を学ぶことだけがふるさと教育ではありません。私たちは「ふるさと（の日々の暮らし）を通じて行う，日常性の高い教育」の重要性を忘れてはなりません。

○学校教育は地域社会の中で営まれている教育活動です。したがって，社会教育との深いつながり中で営まれている教育なのです。地域の中には，母校への強い愛着と誇りをもっている多くの人材がいます。地域は子どもたちの成長に資する多様なキャリアを有する人材の宝庫なのです。

○仲間や地域の大人たちと協働しながら，ふるさとが抱える課題解決に向けて行動することは，地域の構成員としての子どもたちの自覚を高めるためにも大切な学習です。

○子どもたちは，地域課題解決学習を通して，思考力・判断力・表現力・主体的な学習態度，仲間と協働する力等の学力を育むとともに，ふるさとへの誇りと愛着を醸成していくことになります。

○「社会総がかりの教育」「社会に開かれた教育課程」の重要性が叫ばれている今，

学校教育と社会教育の連携・協働は，これまで以上に重要になってきています。

③　社会教育とふるさと教育

○小さな島の校長を経験したことがあります。人口200名程度の，高齢化率70％にも及ぶ島でした。学校は小中併設で，当時の児童生徒数が8名の極小規模校です。勤務した2年間は「地域」と向き合う日々でした。前任校が都市部の学校であったこともあって，カルチャーショックの日々でした。

○いわゆる「地域の教育力」に溢れた島でした。「島のために，島の人たちのために…」が，子どもたちの学びや活動の原動力になっていました。都市部の学校ではなかなか見ることができない子どもたちの姿でした。

○「地域って何だろう」について考えることの多い日々でもありました。地域の人たちや子どもたちの姿に学びつつ，自問自答しながら整理してみたのが以下のことでした。

　ア　子どもを知っている　→　少なくとも名前を言える

　イ　子ども像を共有している（社会性・規範など）

　ウ　地域の中で，大人も子どもも自分の役割を自覚している

　エ　地域構成員相互の，直接的な深い関わりが存在している

　オ　地域に対する誇り，学校に対する愛着があふれている

　カ　先輩，高齢者に対する敬意があふれている

　キ　成長段階での試金石が準備されている（地域行事など）

　ク　家庭の教育力がしっかりしている　　など

○地域や家庭の教育力の低下が叫ばれている今の時代には考えづらいことかもしれませんが，何一つ嘘も誇張もない，その島で学んだことです。

○子どもたちにとっての日常の中に，確かな地縁の力，ふるさとの教育力が息づいていたのだと思います。それが，「島のために，島の人たちのために…」を物差しにして生きる子どもたちを育てたのだと思いました。

○先人は，人や家が集まっているだけの雑居集団を，集落維持のための規範（拠りどころ）を持った準拠集団に高め，やがては集落共通のさまざまな課題を協働によって解決する問題解決集団，いわゆるコミュニティへと練り上げてきました。

○今，私たちのふるさとは，問題解決能力も，拠りどころとなる地域規範も劣化・喪失し，ひたすら雑居集団へと逆行しているように思えてなりません。

○ふるさとという地縁の中に，家庭（教育）も学校（教育）も存在しています。地域の教育力の低下・劣化は，そのまま家庭や学校の教育力の低下・劣化につながって

しまいます。コミュニティの再生は，社会教育を展開軸にした学校—家庭—地域の
つながりの再生しか手立てがないと考えています。

(5) ふるさとを学ぶ意義を想う

○ふるさとを学ぶ意義は，三つの縁を基盤にした学びやかかわりの中で「自尊感情（セ
ルフ・エスティーム）」を育むことです。ふるさとを愛する子どもは，ふるさとか
ら愛され，大切にされた子どもです。

○ふるさとを学ぶもう一つの意義は，我が家（家庭），母校（学校），ふるさと（地域）
が大切にしてきた価値観や規範，あるいは習慣等，子どもたちがこれから生きてい
くための「自分らしさ（アイデンティティ）」の基盤を育むことにあります。

○平素の教育の中で，家，学校，地域という空間の中で，出会い，ふれあった親，教師，
友だち，地域の大人等のさまざまな人たちと，学びや体験を重ねてきた時間……，
この空間，時間，人間の三つの「間」を豊かに広げていくことは，敢えて「ふるさ
と教育」と言わなくても，教育そのものの課題と言えるでしょう。

○縁はつながりです。だからこそ，親同士がつながること，教師同士が係わり合うこ
と，地域の大人同士が結びつくこと，そして親と教師と地域の大人たちが確かにつ
ながることが，ふるさとで推進される家庭教育，学校教育，社会教育の展開・充実
には不可欠です。

○教育基本法第13条（学校，家庭及び地域住民等の相互の連携協力）は，次のよう
に記しています。

教育基本法
第13条（学校，家庭及び地域住民等の相互の連携協力）
　学校，家庭及び地域住民その他の関係者は，教育におけるそれぞれの役割と責任を自
覚するとともに，相互の連携及び協力に努めるものとする。

○長い間，家庭・学校・地域の連携が叫ばれてきましたが，残念ながら，連携が実質
化されていないのが現状です。むしろ，劣化しているのではないかとさえ思います。

○人口減少，少子高齢化等がもたらす深刻な影響と将来見通しの中，ふるさとに住む
子どもをはじめとするすべての人たちの安心安全で豊かな暮らしを実現するため
に，三つの縁の教育が手をつなぐことが求められています。いわゆる共助の力の再
建です。

○連携が実質化されたものが「協働」です。ふるさとのために学び，行動する大人た
ちの姿こそが，子どもたちに対する教育力です。地域社会総がかりの協働活動が，

ふるさと教育の実質化の要件と言えるでしょう。

資料8　高校生の授業後の感想

> 　私は今，看護師になることを目標に日々勉学に励んでいます。医療系の道に進もうと思った理由の一つは，私のふるさと「五島」の過疎化や少子・高齢化を知ったことにあります。
>
> 　五島の問題は，日本そして世界へと続いていくので，問題を解決するために行動を起こすことが何よりも大切です。世界の足もとである地域に目を向けた私なりの行動ができればと思います。…（中略）…多くの人が島を離れ，新しい場所で生活を始めたとき，改めてふるさと「五島」の良さに気づくでしょう。私たちは青く輝く海をはじめとする自然，そして温かな地域の皆さん，家族，友人に支えられて生きてきました。…（中略）…生まれ育ったこの五島を思い，一人ひとりができることを考え，行動することが，きっとこれからの私の最大の財産になると思います。
>
> 【県立五島高校　3年生】

○上記文章は，五島市内の高校で「ふるさと講話」をした後の，ある生徒から寄せられた感想文です。

○ふるさとの過疎化，少子高齢化を知ることが，看護師という進路を決める契機となっています。ふるさとの素晴らしい自然環境の中で，地域の人々や家族，友人に支えられて生きてきた時間の中で，ふるさとの現状を知り，近未来への懸念から，看護師という進路を選択し，学びを重ねています。

○親や家族，地域の人々，友人とのふれあい等，血縁と地縁と学びの縁のつながりの中で，この高校生がふるさとへの思いを深くしてきたことを感じ取ることができます。

○若者が島外に出ていかざるを得ない現状を語りつつも，ふるさとへの誇りと愛着を基盤に，自らを高め行動することの大切さに気付いています。ふるさと教育は，まさにキャリア発達を促す教育なのです。

○ふるさとへの愛着と誇りの形成は，異文化理解教育や主権者教育，人権教育の基盤を整えていきます。ふるさと教育は，転移性，発展性の高い教育だとも言えます。

○高校生が生きてきた18年間ほどの時間の積み重ねが，ふるさとへの思いを形成してきたことを思えば，ふるさと教育が，子どもの成長段階に応じて，家庭教育，学校教育，社会教育個々の特質を踏まえながら進められる極めて日常性，継続性の高い教育であることを改めて確認しておきたい思います。

○学校教育が行う意図的・計画的な教育だけがふるさと教育ではないことを高校生の

感想文は教えてくれています。どちらかというと親，教師を含む大人たちのふるさと（我が家・母校）への思いが，子どもたちに自然と伝わってしまう無意図の教育力の大きさを感じました。だからこそ，大人たちがふるさとを学び，ふるさとの課題に果敢に挑んでいく姿を届けていくことの大切さ，つまり社会教育の大切さを実感しました。

(6) 改めて，社会教育とふるさと教育を想う

○一般に，生まれた場所，育った場所，長く住んだ場所を「ふるさと」というのでしょう。しかし今，ふるさとで生まれ育つ子どもや生産人口世代が著しく減少し，その地に長く住む高齢者だけが取り残されていく過疎地域が日本全国に広がってきています。

○社会教育は子どもから高齢者までを対象に，ふるさと（地域）を基盤に展開される教育活動であり，ふるさとの振興と密接な関係をもつ教育です。

○ 1946（昭和 21）年，文部省の社会教育課長であった寺中作雄氏の「公民館の建設～新しい町村の文化施設」が発刊されました。いわゆる寺中構想と呼ばれるものです。構想の実現に向け，同年 7 月には町村公民館の設置を奨励する「文部次官通牒」が発出され，1949（昭和 24）年の社会教育法制定につながっていきます。

○寺中構想は，社会教育拠点施設である公民館の建設構想ではありますが，その中に「ふるさとと社会教育」の深いかかわりを見て取ることができます。本構想は，《コラム①》で示しているように，「…各自の生活の根拠である郷土，我々の愛する町村」を基盤に，戦後の荒廃からの復興を住民の共通課題化し，協働を通して郷土の担い手人材の育成の目指すものでした。

○寺中氏は「公民館の建設」の中で，公民館の機能として，以下の 5 点を示しています。

【公民館の機能】

1　公民館は社会教育機関である。

2　公民館は社会娯楽機関である。

3　公民館は町村自治振興機関である。

4　公民館は産業振興の機関である。

5　公民館は新しい時代に処すべき青年の養成に最も関心を持つ機関である。

○教育はいつも，新しい時代，新しい社会に処すべき人材の育成を課題に進めるものです。ふるさとを拠点に，「お互いの教養を励み，文化を進め，みんなが気を合わせて働いたり，楽しんだりすること」を協働によって実質化するために，展開される教育機能が，社会教育なのです。

○我が国では戦後の荒廃からの復興という目標を共有し，公民館という小さな拠点を展開軸にしながら，自治振興，産業振興，娯楽等をプログラムとして，地域住民が主体的に参画する社会教育が展開されてきました。

○そして，地域住民の学びを通した交友和楽によって，人が育ち，人がつながり，ふるさとの復興，戦後の我が国の発展が実現されたのです。

○社会教育は今，厳しい現状の中にあります。後述しますが，社会教育の原点である寺中構想の中に，これからの社会教育の在り方を考える大きなヒントがあるように思います。

○私は，長崎大学で「生涯学習概論」について講義を担当していました。例年20名程度が受講していましたが，そのうちの7〜8割が中国本土からの留学生でした。

○どちらかというと学校教育中心の中国の教育制度の中で，「生涯学び続ける」「成人しても学ぶ，社会に出ても学ぶ」という生涯学習や社会教育の言葉の響きに興味・関心を触発されたことが受講の動機づけになったようです。

○生涯学習や社会教育に関する経験的知見が乏しい留学生に，その拠点施設である公立公民館の機能を座学で説明することはとても困難なことです。

○そこで，毎年，大学の近くの公立公民館を訪問し，「公民館の実際」にふれる体験的学習を行ってきました。以下は，留学生の公民館訪問時の感想です。

資料9　公民館訪問後の中国人留学生の感想

◆日本の公民館を見学した。交換留学生の私にとって非常にありがたくて，有意義な体験であった。公民館は日本の特色だと言われている。見学を通して，公民館が日本人にとって誇りに値するものだと思う。公民館が持つ公民の生活を豊かにする機能は，とりわけ年配の人にとっては大切だと思う。

◆公民館の見学を通して，中国のいろいろな面での不足を感じた。私のふるさとにもたくさんの高齢者がいる。……（中略）……公民館で学ぶ日本の高齢者と比べると，彼らの老人生活が単調で寂しいと感じた。

◆印象的だったのは，一生懸命，英語を勉強するおばあちゃんたちの姿でした。英語をなかなか覚えられないと言いながらも，学び続ける，その精神に頭が下がりました。とにかく彼女たちの精神は私に強く響きを受けさせました。……日本人の親切や優しさも実感できた。英語を学び続ける理由を訊かれた時，あるおばあさんが「長崎は観光客が多いので，なるべく外国人を助けたい」と答えたからである。

◆この見学は，私にいろいろなことを考えさせた。勉強になった。日本，ありがとう！

○平日の午前中の公民館訪問でしたが，受講生たちは職員の説明，施設・設備，自主

講座の参観や体験等,限られた時間の中で職員や利用者との交流を深めていました。

○「成果を生かすために学ぶ」高齢者の姿に,多くの留学生が感銘を受けていました。

○私たち日本人にとって,当たり前のように存在してきた公民館が,実はジャパン・ブランドの素晴らしい教育機能を持った施設であることを,日本人ではない,社会教育や公民館関係者でもない留学生たちが教えてくれました。

○ジャパン・ブランドの拠点施設である公民館の教育機能を基盤に,これからの公民館の在り方について,さまざまな人の意見を聴きながら,自信と誇りをもって熟議と実践と改善を重ねていきたいものです。

コラム①　公民館の建設～新しい町村の文化施設（1946　寺中作雄）

この有様を荒涼と言ふのだろうか　この心持を索漠と言ふのだろうか

目に映る情景は赤黒く焼けただれた一面の焦土,胸を吹きすぎる思ひは風の如くはかない一連の回想。焼トタン小屋の向こふに白雲の峰が湧き,崩れ壁のくぼみに夏草の花が戦いている。これが三千年の伝統に輝く日本の国土の姿であろうか。あくせくと一身の利に走り,狂うが如く一椀の食を求めてうごめく人々の群れ。これが…天孫の末裔を誇った嘗ての日本人の姿であろうか。武力を奪われ,国富を削られた日本の前途は暗く,家を焼かれ,食に飢える人々の気力は萎え疲れている。

これでよいのだろうか　日本は果たしてどうなるのだろうか（中略）

われわれは熱望する。お互いの教養を励み,文化を進め,心のオアシスとなって,われわれを育む適当な場所と施設が欲しい。郷土の交友和楽を培う文化センターとしての施設を心から求めている。みんなが気を合わせて働いたり,楽しんだりする為の溜り場の施設が必要だ。そんな施設が各自の生活の根拠である郷土,我々の愛する町村に1つ宛てできたら,なんと素晴らしいことだろう。

➡戦後復興：課題の共有と協働　➡　課題や活動が共有化されない現代

社会教育法☞公民館建設☞社会教育関係団体の設立☞地域の活性化（戦後の復興,産業・経済の発展 etc.）

3 社会教育の現状を考える

(1) 衰退する社会教育推進体制

○社会教育の推進は，1949（昭和24）年に制定された社会教育法おいて，教育委員会の事務に位置づけられています。

○都道府県教育委員会は，市町村教育委員会の社会教育推進にかかる指導，調査，研修，資料提供等を主たる業務としています。（社会教育法第6条）

○住民に対する教育活動の具体については，市町村教育委員会の事務に位置づけられ，社会教育法第5条（市町村の教育委員会の事務）において，19項目にわたって事務内容が示されています。

○社会教育法は，社会教育の充実・推進体制の整備・構築に向け，下記事項を定めています。

・社会教育主事及び社会教育主事補
・社会教育関係団体
・社会教育委員
・公民館
・学校施設の利用
・通信教育

○社会教育法が制定されて70年余経過した現在，グローバル課題やローカル課題が山積しているにもかかわらず，この社会教育推進体制が衰退・劣化してきていることに強い懸念を抱いています。

○ここでは特に，社会教育推進のキーパーソンである社会教育主事や社会教育委員，社会教育・生涯学習の拠点施設である公民館を取り上げながら，社会教育の現状について考えていきたいと思います。

(2) 社会教育関係者の役割と現状

① 社会教育主事等の役割と現状について

○社会教育主事は，教育公務員特例法において「専門的教育職員」として位置づけられています。社会教育法第9条の3は，下記のように，社会教育主事及び社会教育主事補の職務内容を規定しています。

> **第二章 社会教育主事等**
>
> **第９条の２**（社会教育主事及び社会教育主事補の設置）
>
> 　都道府県及び市町村の教育委員会の事務局に，社会教育主事を置く。
>
> ２　都道府県及び市町村の教育委員会の事務局に，社会教育主事補を置くことができる。
>
> **第９条の３**（社会教育主事及び社会教育主事補の職務）
>
> 　社会教育主事は，社会教育を行う者に専門的技術的な助言と指導を与える。ただし，命令及び監督をしてはならない。
>
> ２　社会教育主事は，学校が社会教育関係団体，地域住民その他の関係者の協力を得て教育活動を行う場合には，その求めに応じて，必要な助言を行うことができる。
>
> ３　社会教育主事補は，社会教育主事の職務を助ける。

○社会教育主事は，個々の地域における社会教育行政の企画及び実践を通して，住民の自主的・自発的な学習活動や学習成果の還元活動を推進するための体制づくり等の支援を行うことを主たる職務としています。「社会教育を行う者に対して，専門的技術的な助言や指導」を与える職務，換言すると社会教育担当者等に対する助言や指導が中心的な職務であるということです。法は必ずしも社会教育主事の具体的な職務内容を示してはいませんが，社会教育主事等講習の内容や法令，中央教育審議会の議論等を踏まえると，以下のような職務が想定されます。

ア　地域住民主体の学習活動の促進

　　2013（平成25）年に示された「第6期中央教育審議会生涯学習分科会における議論の整理」において，社会教育主事には「地域住民の主体的な問題意識を喚起し，多様で複雑な問題や課題を明確化して，自主的・自発的な学習を支援・促進する」役割が期待されています。社会教育を通じた住民主体のまちづくりが叫ばれている中，社会教育主事の役割は一層重要になってきています。

イ　計画・事業等の企画・立案

　　所管する行政域全体を視野に入れながら，実態を踏まえつつ社会教育に関する企画・立案等を行い，域内における社会教育行政が果たすべき責任と役割を明確にすることも，社会教育主事の役割として期待されています。さらには，社会教育関連施策の企画・立案及び事業の推進にあたって，住民，学校，ＮＰＯ等の多様な主体との連携・協働をコーディネートする役割を担う「学びのオーガナイザー」としても期待されています。

ウ　情報収集・分析・提供

　　「地域住民主体の学習活動の促進」で示したように，住民の主体性を前提とした学習活動の企画・立案にあたっては，地域の「多様で複雑な地域の問題や課題」

に係る情報を収集・分析をしていくことが求められることは当然のことです。住民が学びたい内容（個人の要望），学ばなければならない切実な問題（社会の要請）等を踏まえた，住民とって学ぶ意義・意味のある企画のための情報の収集・分析・発信等も社会教育主事の大切な職務になります。

エ　学習の組織化・継続化の支援

社会教育は，学習者の主体性に委ねられた任意性の高い教育活動です。ともすれば，一過性の閉じた学びになりがちな学習でもあります。個の学びを集団の学びへ，一過性の学びを継続的な学びへ高め，広げていくための支援も社会教育主事の大切な役割と言えるでしょう。地域課題が山積する中，組織化された学習者による協働活動へつなげていくための重要な役割を担うことになります。

オ　連絡・調整

まちづくりは住民課題であり，行政課題です。社会教育によるまちづくりを志向するとき，関係する機関・団体との連携は不可欠です。多分野・多世代に及ぶ人材・組織との広域的連携体制の構築も社会教育主事の役割と考えていいでしょう。また，平成25年第6期中央教育審議会生涯学習分科会議論整理においては「社会教育主事等の専門的職員をネットワーク型行政の要」として，行政部局間の連絡調整の役割も期待されています。

カ　人材育成

人材育成は教育の究極的な目標です。地域における学習活動の企画・立案を行うにあたって，地域の人材を知ることが肝要です。地域住民の自主的な学習のシステムづくりを担うという観点から，今在る人材の発掘や地域人材の育成は，社会教育主事の重要な役割と言えます。

○社会教育主事に期待される多岐にわたる役割を実質化するためには，多様な資質能力及び知識が求められます。

○社会教育主事資格取得のため，大学のコース及び大学等において実施されている，いわゆる主事講習は，下記に示す社会教育主事としての役割達成に必要な資質・能力を育成するために構成されたシラバスに基づいて実施されています。

ア　社会教育推進の基盤となる知識等

生涯学習及び社会教育の意義に関する知識，学校教育・家庭教育に関する知識，社会教育等関連の法律・答申に関する役割，社会教育の内容・方法，社会教育主事等の指導者の役割等に関する知識　　　など

イ　学習課題の把握と企画・立案能力

住民の学びに対する個別の要望や地域の実態を，さまざまな方法で調査・分析・

把握し，必要な施策・事業を企画・立案・実施する能力

ウ　コミュニケーション能力

社会教育の目標や事業目的を踏まえ，事業担当者や住民に対して具体的な指導及び助言にあたる能力　　など

エ　組織化援助の能力

学習目的・内容・方法等を基盤に学習集団を適切に組織する能力　　など

オ　調整者としての能力

学習目的，内容，方法等を基盤に，関連する他分野と協働するための調整能力など

カ　幅広い視野と探求心

多様かつ多角的な視点を持ち，住民個々の学習要望や社会や時代が要請する課題を把握し，要望や要請に的確に対処・対応できる能力　　など

○平成30年度の社会教育調査によると，都道府県及び教育委員会の社会教育主事の配置数について，平成14年度の5,383人に対し，平成30年度は約69％減少し，1,681人になっています。配置数の減少は顕著です。

○長崎県においても，

・平成の大合併により，79市町村から21市町になったこと。

・派遣社会教育主事への国庫補助制度が廃止されたこと。

・教育事務所が廃止されたこと。

・社会教育主事講習受講者が減少してきていること。

などの事由から，配置される社会教育主事が減少してきています。

○人口減少及び少子高齢化を背景とした地域課題の顕在化・深刻化等に伴い，持続可能な地域社会づくりが重要な行政課題であるにもかかわらず，専門的知見を有する，まちづくりのキーパーソンとなる社会教育主事の配置は減少しています。

○市町村数が大幅に減少し，行政域が拡大しているにもかかわらず，それに見合う社会教育主事の配置が進んでいません。

○専門的職員としての社会教育主事の配置が進まない状況は，社会教育主事資格を取得しても，その資格を生かす場所がないということになります。現状では，社会教育主事講習等の受講意欲の減退につながりかねない危惧の念を抱いています。

○そのことが結果として，社会教育事業費の削減，主催事業の削減，社会教育主事資格取得者の短期異動，社会教育主事資格取得への行政の消極的姿勢等につながっていくことを懸念しています。

○要は，社会教育推進の必要性についての，行政の理解が進んでいないこと，裏を返

せば，社会教育が，行政施策総体の中で，その存在感を示すことができなかったことの証に他なりません。現状のままでは，ますます社会教育の存在感は希薄になっていくことでしょう。

○このような現状を踏まえ，国は「社会教育主事講習等規程」を改正し，社会教育主事資格取得者が，教育委員会の発令がなくてもさまざまな立場から専門的知見を生かすことができるよう「社会教育士」の制度を始めました。（P46 コラム②参照）

② 社会教育委員

○社会教育法第15条には，「社会教育委員の設置」について下記のように示してあります。

> **社会教育法**
> **第15条**（社会教育委員の設置）
> 　都道府県及び市町村に社会教育委員を置くことができる。
> 2　社会教育委員は，教育委員会が委嘱する。

○社会教育委員は，「……置くことができる」の任意設置と規定されています。必置職ではありませんから，全国的には設置していない市町村があります。長崎県においては，2021年度段階では，21市町すべてに設置されています。

○社会教育法第13条には「国又は地方公共団体が社会教育関係団体に対し補助金を交付しようとする場合には，あらかじめ……（中略）……地方公共団体にあっては教育委員会が社会教育委員の会議の意見を聴いて行わなければならない」とされていましたが，2008（平成20）年の法改正により，「……（社会教育委員が置かれていない場合には，条例で定めるところにより社会教育に係る補助金の交付に関する事項を調査審議する審議会その他の合議制の機関）……」が付記されました。任意設置であることを前提に，社会教育委員制度がなくても補助金審査ができるように法改正が行われたのです。

○この社会教育法の改正により，社会教育委員制度の廃止に舵を切る市町村が増加するのではないかと懸念しています。

○人口減少等に伴うさまざまな地域課題が深刻化する中，学びと活動によるまちづくりに寄与してきた社会教育の重要性が指摘されています。

○社会教育委員の制度は，住民の声や地域の実情を社会教育行政等に反映するための仕組みとして設けられたものです。

○社会教育委員は非常勤の特別職の公務員で，学校教育，家庭教育，社会教育等の関

係者が委嘱されています。

○社会教育法第17条は，社会教育委員の職務を以下のように示しています。

第17条（社会教育委員の職務）

　社会教育委員は，社会教育に関し教育委員会に助言するため，次の職務を行う。

　一　社会教育に関する諸計画を立案すること。

　二　定時又は臨時に会議を開き，教育委員会の諮問に応じ，これに対して，意見を述べること。

　三　前二号の職務を行うために必要な研究調査を行うこと。

２　社会教育委員は，教育委員会の会議に出席して社会教育に関し意見を述べることができる。

３　市町村の社会教育委員は，当該市町村の教育委員会から委嘱を受けた青少年教育に関する特定の事項について，社会教育関係団体，社会教育指導者その他関係者に対し，助言と指導を与えることができる。

○「住民の声や地域の実情を行政施策に反映する」ことを目的に，上記の職務を遂行することが，社会教育委員の職務です。しかし，社会教育委員に委嘱されたにも関わらず，社会教育の意味・意義，社会教育委員の設置趣旨等について十分に理解が進んでいない現状があります。

○専門的職員が減少したり，担当者が短期間で異動したりする現状の中で，制度趣旨等について法令等を踏まえた説明ができる担当者が少なくなってきたことも懸念されます。

○法が示すように，行政への提言機能は社会教育委員制度の重要なポイントです。しかし，制度趣旨についての理解が進んでいないために，社会教育委員の会議が，前例踏襲型の行政主導の会議になってしまっている市町村も少なからずあるようです。

○会議の開催も少なく，行政追認型の会議になりがちで，社会教育委員個々の実践を踏まえた意見が反映されにくい傾向にあります。

○充て職が多いことも気になります。地域課題が山積する中で，ふるさとへの深い思いを持ち，地域課題に積極的に取り組んでいる人材の社会教育委員への登用は急務です。

○必置職ではない制度設計の中で，まちづくりのキーパーソンである社会教育委員の役割は，これまで以上に重要になってきています。

③ 社会教育関係団体等

○社会教育法第10条では，社会教育関係団体とは「法人であると否とを問わず，公の支配に属しない団体で社会教育に関する事業を行うことを主たる目的とするものをいう。」と規定されています。

○一般に，多くの自治体が設けている「社会教育関係団体」として認定する基準については，以下のようになっています。

・会員が自主的に会を運営し，事業を計画的，継続的に実施でき事業成果が十分期待されること。

・地域と密接な連携をとり，事業が推進されていること。

・規約（会則）があり，役員を選出していること。

・会計（自主財源）で運営されていること。

・活動の場や事務局が当該自治体内に在ること。　　など

○地域社会を基盤とする団体で社会教育関係団体の代表的な組織が子ども会，青年団，婦人会，PTA，スポーツ少年団等です。

○社会教育は，学習者による主体的な学習の展開を期待しています。能動性や相互性の高い学習活動を支援していくことが社会教育行政の重要な役割であることは先に述べたとおりです。さまざまな団体が，行政とは異なる立場から社会教育活動を展開したり，組織構成員が相互に学習活動を進めたりすることが社会教育関係団体の存在意義です。

○しかし今，伝統的な地縁組織である婦人会，青年団，老人クラブ等の社会教育関係団体の衰退が顕著になってきました。長崎県においては，青年団の活動実績がほとんど見られなくなりました。地域婦人団体の加入者は，平成元年度と比べると10分の1になっています。

○ふるさとへの誇りと愛着を基盤に，地域の活性化に寄与してきた組織の衰退は，地縁機能・共助機能の衰退につながる重要な課題です。

○団体加入者が減少している要因の一つに「生活様式の変化や価値観の多様化」にあることは事実でしょう。しかし，変化や多様化に対応できなかった組織自体の問題について，どれだけ検討し，どれだけ組織変容してきたかの議論を真摯に重ねていくことが大切だと考えます。

○例えば，地域婦人団体メンバーの中には，会員活動の一方で，個々の関心や必要から多様な市民活動に参加したり，サークルやグループを設立したり，PTAや自治会活動に取り組んだりしている熱心な会員が数多くいます。組織アイデンティティを確保しつつも，多様な地域課題に取り組む仲間の活動に対する支援機能の充実を

図ることも必要だと考えます。

○また，地域婦人団体の会員ではないが，衰退する地域の中で自治会婦人部（女性部）員として活躍している人がたくさんいます。婦人会組織は存在していませんが，地域婦人団体が大切にしてきた機能は息づいています。元気を失っていく地域の中で汗をかいている人たちへの支援も大切です。これは老人会組織や子育て支援組織等にも共通することです。

○ジェンダーや高齢者，子どもの育ち等の問題等は今日的課題であり，これらの問題に取り組むNPO等市民団体が数多く存在しています。そのような社会活動を展開している組織との連携・協働も視野に入れるべき課題です。

○「団体組織」ではなく「団体機能」を維持する活動に対する理解と支援機能の充実を図ることによって，「機能」でつながる協働体制の構築を検討することも必要になってくるでしょう。

○地域が元気を失っていく中，大人たちがふるさとへの自信を失いつつあります。ふるさとへの愛着や誇りの空洞化が静かに進行しています。10年後，20年後，30年後を見通しながら，多様な地域活動，市民活動をつなぐ起点としての社会教育関係団体の新たな役割を検討する時期にきています。

○厳しさを増す地域状況の中，これからの時代に対応可能な組織の在り方や連携の模索等について真摯に検討を加えつつ，地域課題に果敢に挑む大人たちの姿，ふるさとをあきらめない姿を，団体活動を通して届けていくことが喫緊の課題と言えるでしょう。

④　公　民　館

○寺中作雄氏は，コラム①で紹介した「公民館の建設～新しい町村の文化施設」の中で，公民館の「公民」について，「自己と社会との関係について正しい自覚を持ち，自己の人間としての価値を重んじるとともに，一身の利害を超越して相互の助け合いによって公共社会の為に尽くす様な人格を持った人又はその様な人格たらんことを求めて努める人」と著しています。公民館は，そのような公民が集い，互いに交わり，学びあい，公共のために尽くすことを目的につくられた施設が公民館です。

○公民館の設置目的について，社会教育法第20条は次のように示しています。

> ### 第五章　公民館
>
> **第20条**（目的）
>
> 　公民館は，市町村その他一定区域内の住民のために，実際生活に即する教育，学術及び文化に関する各種の事業を行い，もつて住民の教養の向上，健康の増進，情操の純化を図り，生活文化の振興，社会福祉の増進に寄与することを目的とする。

○また，社会教育法第22条には，公民館の目的を達成するための事業を6項目にわたって明示しています。

> **第22条**（公民館の事業）
>
> 　公民館は，第二十条の目的達成のために，おおむね，左の事業を行う。但し，この法律及び他の法令によつて禁じられたものは，この限りでない。
> 　一　定期講座を開設すること。
> 　二　討論会，講習会，講演会，実習会，展示会等を開催すること。
> 　三　図書，記録，模型，資料等を備え，その利用を図ること。
> 　四　体育，レクリエーション等に関する集会を開催すること。
> 　五　各種の団体，機関等の連絡を図ること。
> 　六　その施設を住民の集会その他の公共的利用に供すること。

○また，2003（平成15）年，それまでの「公民館の設置及び運営に関する基準（文部科学省告示）」が改正され，
　・地域の学習拠点としての機能の発揮（第3条）
　・地域の家庭教育支援拠点としての機能の発揮（第4条）
　・奉仕活動・体験活動の推進（第5条）
　・学校，家庭及び地域社会との連携等（第6条）
　・地域の実情を踏まえた運営（第7条）　　など
10項目にわたって社会教育法が示す公民館の事業内容を具体的に示しています。

○公民館は，社会教育法や設置基準に基づいて運営されますが，事業趣旨を踏まえた企画・運営を通して目標を実現するために，公民館に下記職員を配置することが，社会教育法第27条に示してあります。

> **第27条**（公民館の職員）
>
> 　公民館に館長を置き，主事その他必要な職員を置くことができる。
> 2　館長は，公民館の行う各種の事業の企画実施その他必要な事務を行い，所属職員を監督する。
> 3　主事は，館長の命を受け，公民館の事業の実施にあたる。

○公民館主事は，社会教育事業の企画・提供及び地域住民との連携の中で，社会教育の質を高めていくことを目的に，公民館に配置された職員です。社会教育主事と同様に，市町村が設置する公民館という拠点施設で，社会教育を推進するキーパーソンであることに変わりありません。

○したがって，公民館事業の企画・運営，住民による主体的な学習活動の支援，公民館利用者の相談対応等の日常的業務を円滑に進めるために，公民館事業のプランニング力，地域課題や住民の学習ニーズの収集・分析・提供できる能力，NPOや関係機関・団体等，社会活動の主体との連携をコーディネートする能力等が公民館職員には求められます。

○しかし，この公民館主事は「…置くことができる」と規定されており，必置職ではありません。社会教育主事と同様に，全国的に配置数が減少してきています。

○平成30年度の社会教育調査によると，全国に14,281館（類似施設を含む）の公民館があります。平成11年度の19,063館に比して4,782館（約25％）も減少しています。

○公民館主事（指導系職員）についても，平成14年度の18,591人が平成30年度には12,334人へと約34％もの減少が見られます。

○その要因と影響については，

　・市町村合併や過疎化の進行等により公民館区の整理統合や廃館が進んでいること。

　・教育委員会から首長部局への，公民館の移管が進んでいること。また，公民館の指定管理も進んできています。

　・機能的には，公民館事務と行政事務等との兼務者が多く，主事としての経験知や専門性を踏まえた住民の学びの要求に対する対応機能の低下を懸念しています。長崎県では，令和2年度のデータによると公民館長の54％，公民館主事の44％が他の業務を兼務しています。

○公民館は減少し，その機能の低下も懸念されます。公民館主事の量の減少と経験知や専門性といった質の低下は，結果として，主催事業の減少や貸館化の傾向に拍車がかかり，本来期待されている公民館機能の劣化につながってしまいます。身近な社会教育拠点施設である公民館の機能低下は，住民主体の協学・協働機能の低下を意味するものです。

○大学の講義の中で，日本人学生に「公民館のイメージ」について質問したことがあります。

　・地元の人だけの場所　　　　　・高齢者の憩いの場所

　・高齢者が習い事をする場所　　・会議をする場所

・小学生の時以来，行ったことがない場所

　　　・自治公民館の方が身近に感じる　　　・古くてかたいイメージ　　　など

○これが20歳前後の若者が「公民館」に抱くイメージです。すべての若者に共通す
　るイメージとは言いませんが，少なくとも若者とのつながりが希薄な施設と考えて
　いることは否定できないと思います。

○このようなイメージを払しょくするために，多くの世代，多くの分野，外国の人た
　ち等が訪れ，学び，交流する場所へ転換していく取組が必要です。

○また，公民館の学びが「個人的で閉じた学び」になっていることも気になります。
　生涯学習は，学びの成果を自分の生き方や地域社会に還元することを求めています。
　学びの成果が「誰かの，何かの役に立っている」実感は，自己有用感の醸成につな
　がっていきます。高齢化が進行するこれからの社会にあっては，この「自己有用感・
　所属感」の醸成は特に重要な課題と考えています。

○これからの公民館は，時代や社会が求めている「閉じた学び」から「開かれた学び」
　への転換に積極的に取り組んでいく必要があると考えています。

○公民館を規定した社会教育法が制定されてから70年余が経過しています。公民館
　設立の趣旨，つまり寺中構想が示す「公民館の原点」に回帰するとともに，予測不
　能で変化の激しい社会に対応する公民館活動の在り方を模索していくことが，私た
　ち社会教育に関わる者の重要な課題になってきました。

（3）活性化する社会教育とその課題

○社会教育法が規定する教育行政主体の社会教育については，その推進体制及び推進
　状況等が衰退していることは否定できません。社会教育関係団体の衰退も顕著です。

○一方で，私たちが生きる社会は今，技術革新・高度情報化・気候変動（温暖化）・
　地域紛争・感染症等々のグローバル課題や，人口減少，少子高齢化等がもたらすさ
　まざまなローカル課題に直面しています。

○自然災害や感染症，対策等，住民の生命や財産，そして穏やかな暮らしを守るため
　の，住民主体の緊急な学びと実践が求められるようになりました。

○そもそも社会教育は，社会教育法上，教育委員会の事務に位置づけられていても，
　その本質は，「個人の要望や社会の要請にこたえて行われる……青少年及び成人に
　対して行われる組織的な教育活動」です。その視点から見ると社会教育は今，とて
　も活性化していると言えるのではないでしょうか。

○カルチャーセンターや大学・高等学校等の公開講座，通信教育，放送大学等，趣味
　や教養を高めるためのさまざまな取組が展開されています。回覧板等を見れば，病

院や福祉施設が開催する健康や福祉に関する講座の案内チラシが毎月掲載されています。自治公民館（公民館類似施設）においても，防犯，防災，健康に関する学習活動が頻繁に行われています。

○これらは教育委員会所管ではありませんが，まぎれもなく「個人の要望や社会の要請にこたえて行われる……青少年及び成人に対して行われる組織的な教育活動」です。つまり社会教育と解することができます。学びたい内容と自分に合った方法を選択しながら，いつでも学ぶことができる環境が整ってきつつあるのです。

○また，グローバル課題やローカル課題の顕在化，深刻化を受けて，首長行政やNPO法人，市民グループ等も多様な内容に関する施策や活動を展開しています。

○持続可能な社会の創り手の育成を目的とした社会総がかりの教育体制づくりの流れの中で，学校との交流活動も活性化しています。

○敢えて言えば，学校の先生方の研修も社会教育です。研修内容が，学習指導や生徒指導等の学校教育に関することを学ぶというだけで，成人対象の組織的教育であることに違いはありません。

○実に多様な主体が個人の要望，社会の要請に基づく課題に対応するため，青少年や成人を対象とした組織的な教育活動を進めています。決して教育行政の，社会教育所管課や公立公民館だけが，社会教育に取り組んでいるわけではないのです。ただ，皮肉なことに，このような社会教育の活性化が，教育行政主導の従来型の社会教育の停滞あるいは衰退の要因・背景の一つになっていることも否めないことです。

○地域社会や近未来を俯瞰するとともに，縦割り意識を排除し，地域活性化等に熱心に取り組む多様な地域組織や学校教育等との連携を深め，そのエネルギーを社会教育の新たな展開に活かしていくことが，これからの重要な課題です。

4 まちづくりと社会教育

(1) まちづくりと社会教育のつながりを考える

　さまざまな課題が山積する中，持続可能なまちづくりについての議論が活発に行われるようになってきました。そのような状況下，社会教育は，どれほどその存在感を示すことができているのでしょうか。

　下記文章はある雑誌から依頼されて，寄稿したものです。

教育はいつも

　学校教育，家庭教育，社会教育を問わず，

　教育はいつも未来志向

　教育はいつも現実的で具体的

　先を思い，今を為す　それが教育の「いつも」である。

　社会がどう変わろうとも　変わらぬ教育の「いつも」である。

　そして，時代はいつも新たな課題を用意し，

　持続可能な社会の創り手たる学びを求め続けてきた。

　だから，教育はいつも人材育成

　これもまた，決して変わらぬ教育の「いつも」である。

　質の高い「教育のいつも」の実質化は急務である。

【小学校時報　2021年5月号（全国連合小学校長会　編集）】

・社会教育は，教育である以上，いつも未来志向です。

・教育である以上，現実的で具体的な学習内容と活動の創造が課題です。

・社会教育は，子どもから高齢者までの全世代を対象とする教育です。

・社会教育は，地域づくりに，長年にわたって多大な貢献してきた教育機能でもあります。

○近未来の教育が議論される時，多くの人が枕詞のように，「予測不能で変化の激しい社会」が到来することを語ります。社会教育と同様，組織的教育である学校教育は，学習指導要領が改訂され，「持続可能な社会の創り手」の育成を目指す，新たな教育内容や教育方法が導入されています。

○それでは，社会教育はどう変わったのでしょうか。大きく変化する時代や地域社会に対応しながら，持続可能なまちづくりに寄与する社会教育が展開されているので

しょうか。

○時代や社会が変わっても，「何も変わらない，変わることができない」社会教育が継続されているのではないでしょうか。これからの時代や社会を視野に入れながら，今，社会教育が抱えているいくつかの課題について列挙してみたいと思います。

① 人口減少・高齢化等による課題解決能力の低下（自助・共助機能の低下）

○人が減り，少子高齢化が進む社会は一人の負担が大きくなる社会でもあります。自助・共助機能が低下する社会とも言っていいでしょう。既存の組織，既存の活動を，維持していくことが困難な地域も増えてきています。「これまでどおり」のことを「これまでどおり」やることができなくなっています。

○地域社会の中で，顕在化・深刻化する諸課題に対する対応力に富んだ組織づくり，活動づくりは急務です。

② 公助機能の低下

○人口減少は納税者の減少に他なりません。一方で，医療費，社会保障関連経費は今後ますます増加していくことになるでしょう。結果として，これまで受けられていた行政サービスが受けられなくなったり，有料化されたりするなど，公助機能の低下は顕著になっていくでしょう。「これまでどおり」が通用しない社会が形成されつつあるのです。にもかかわらず，いまだに「公助」を期待する住民意識が根強いことも，今後の課題と言えるでしょう。

③ 人材育成機能の低下

○一人の負担が大きくなる社会の形成に伴って，地域活動を維持・発展させていく担い手不足が大きな課題になっています。まちづくりのキーパーソンである自治会長が一年交代という地域も増えてきています。後継者不足ではなく後継者不在の状況が現実化しています。

○持続可能な地域づくりの担い手育成に向け，公立公民館，自治公民館（自治会），婦人会等の社会教育関係団体等の既存の組織・活動の見直しは緊急かつ重要なテーマです。

④ 社会教育の存在感の低下

○策定された市町村のまちづくりの推進計画の中に，社会教育や公立公民館機能の位置づけが見えてこない，非常に弱いという印象を持つことがよくあります。地域の

人材育成という重要な役割を担う社会教育の存在が希薄なのです。

○人口減少，少子高齢化等の中で，社会教育の重要性が増しているにもかかわらず，その推進体制は後退するという結果になっています。まちづくりの中で，社会教育推進の意義を具体的に示していくこと，つまり社会教育の可視化は重要な課題です。

⑤ 行政内協働体制の脆弱性

○一人の負担が大きくなる社会になってきているのにもかかわらず，さらに住民負担に拍車をかけているのが，いわゆる縦割り行政です。現在，グローバル課題やローカル課題に対応するためにさまざまな施策が展開されています。しかし，役所内で無調整の施策が，地域に落とし込まれることによって，自治会長等の役職者の多忙化を招いています。類似性の高い事業であっても，所管課が異なれば，別事業として進められ，会議や活動が増えていく現実があります。会議の看板はちがっても参加者の顔ぶれは，ほとんど変わらないことが多いようです。どこを切っても同じ顔ぶれの金太郎飴状態になっているのです。行政内の組織間・施策間の連携と協働体制の構築は急務です。

⑥ 組織間連携の脆弱性

○教育行政主導の，従来型の社会教育が衰退する一方で，多様な主体が，多様な内容について，多様な方法で実施する「青少年及び成人を対象とした組織的教育活動」が活性化していることは先述したとおりです。人を育み，人をつなぎ，まちを元気にすることが社会教育のミッションであることを思えば，資料10で示すように，従前の社会教育が，活性化する社会教育と連携することは，公民館教育をはじめとする社会教育行政の大きな課題です。

○また，組織や活動維持の困難性が高まってきている自治会や社会教育関係団体等の地域組織が，目的を共有するさまざまな団体やその活動と連携・協働していくことは必須です。

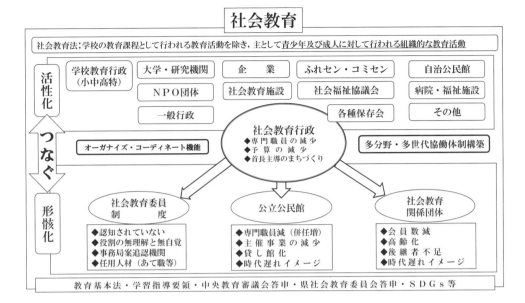

○「人を育み，人をつなぎ，まちを元気にする」という社会教育の趣旨・目的は決して変わることはないでしょう。しかし，時代や社会の変化に伴い，学びの内容，学びの方法，そして連携・協働の在り方等，変えていくべきことが数多くあります。

○「変わらないために，変わっていくこと」「変えないために変わっていくこと」，それが今，社会教育に問われていることだと思います。

○「学ぶことは変わること」ですから，確かな変容を求める社会教育の実質化による人材の育成，人と人，組織と組織，あるいは世代をつなぐ活動を通したまちづくりへの寄与等によって，その存在感を示していくことが，社会教育関係者の課題とも言えるでしょう。

（2）社会教育推進の新たな方向性を知る

○社会状況の変化，価値観の多様化等の，いわゆる時代や社会の「変化」への対応が大きな課題となっています。「持続可能性」に危惧の念を抱かざるを得ないほど社会は大きく激しく変化してきています。

○教育の価値観が「社会の担い手」の育成から，予測不能な変化が見込まれる中，「社会の創り手」の育成へとシフトしてきました。

○「これまで通り」が通用しない「これから」の時代の人材育成の方向性や，そのための方策について国も全国の社会教育委員会もさまざまな角度から提言を重ねてきています。

○ここでは平成28年度に示された長崎県社会教育委員会及び平成30年度の中央教育審議会の2つの答申を取り上げながら，今後の社会教育のあるべき姿について探っていきたいと思います。

①　長崎県社会教育委員会答申

　長崎県社会教育委員会は，平成26年10月，長崎県教育委員会から「活力ある地域社会づくりに貢献する実践的人材の育成方策」について諮問を受けました。これまで述べてきたように，人口減少，少子高齢化，過疎化等々に基づく，地域活力の低下や人と人とのつながりの希薄化，あるいは社会教育の担い手の減少，社会教育関係団体の組織力の低下等が鮮明になってきています。このような状況を受けて，地域社会において，「集団や社会に積極的に関わり，貢献しようとする意識を持ち，地域活力の高揚につながる課題について学び，その学びの成果や自らの経験知を生かし，地域社会に貢献する人材の育成」が重要であるとの認識から，その育成方策について諮問されたものです。

　長崎県社会教育委員会はこれまで，

　　平成20年7月　「官民協働により，温もりと活力のある地域づくりを実現するために，公民館をはじめとする諸社会教育関連施設の在り方を考える」

　　平成22年7月　「子どもを核にした温もりのある地域づくりについて」

　　平成24年7月　「高齢者の活力を住民参画の地域づくりに活かす方策」

などについて，社会教育振興を目指し県教育委員会に答申を重ねてきましたが，平成28年7月，上記3答申の総和として本答申を示しました。

　社会教育委員会では，人を育み，人をつなぎ社会教育の活性化を図ることを通して，「住みたい，住み続けたい，訪れてみたい，もどってきたい」地域社会づくりを実現するために，下記の3点について2年間にわたり調査・審議を行い，平成28年7月に実現方策について答申しています。概要を資料11に示しています。

> **調査審議事項1**：活力ある地域社会づくりに貢献する人材や団体のネットワーク化の推進策について

【実現方策1】

○活力ある地域社会づくりに，多くの住民の主体的な参画を図るため，多世代交流・多機能型の拠点づくりに取り組むこと。

○協働の効率化と地域住民の負担軽減を図るため，コミュニティスクール（学校運営

協議会），学校支援会議，自治公民館等，地域住民が集まりやすく活動しやすい，身近で小さな拠点づくりを進めること。

○プラットフォームとなり得る各種社会教育関係団体等が，地域の課題を共有する協働組織として機能しているかどうかを点検するとともに，類似性の高い活動を行っている組織については，その統廃合も視野に入れた検討を進めること。

○プラットフォームの構築にあたっては，保育園，幼稚園，認定こども園，小中高等学校，特別支援学校，大学，一般行政，企業，NPO，研究機関等とのネットワーク化を進めること。

○高齢化や人口減少等により既存組織の維持が困難になっている地域や学校統廃合によって校区が拡大した地域にあっては，防犯，防災，防疫等の地域課題解決のために，より広域かつ広範なネットワーク化を進めること。

○学校支援会議等の人材・機能・ネットワーク等を集約し，地域学校協働本部を構築することについても検討を進めること。その際，今後設置が進むことが予想されるコミュニティスクールとの密接な連携を図ること。

> **調査審議事項2**：地域住民が，活力ある地域社会づくりに参画する方策について

【実現方策2】

○地域活性化の一助となり，参加者の生きがいにつながる魅力ある学習プログラム及びその成果を学校や自治公民館等における発表・指導等につなげていくための協働（成果還元）プログラムを一体的に作成し実践することにより，生涯学習の成果の地域還元を進めること。

○プログラム作成にあたっては，老若男女が集い，子ども，親，学校，地域等に係る課題について意見交換し，子育て支援，親支援，学校支援，地域支援等に向けた協働方策の実践につながる多世代・多分野交流・多機能型の学習の場づくりに努めること。

○多様な地域課題について，実績と専門的知見を有する一般行政関係部局，NPO，大学等と連携した学習や協働プログラムの開発を進めること。

○学校支援会議，通学合宿，放課後子ども教室等の実施にあたっては，体制を一元化し，年齢や体力等を考慮しながら役割を分担し，「できることを，できる時に，できる場所で，できる人が……」という地域総がかり体制の中で諸事業が進められるよう努めること。

【実現方策３】

○地域活動のリーダー，コーディネーターとして活躍している自治会や社会教育関係団体の役員等の発掘とネットワーク化に努めること。特に豊かな経験と知見を有する高齢者を積極的に活用・登用すること。

○プラットフォームにおける地域課題解決のための学習活動や協働活動を通じて，リーダーやコーディネーターの発掘・育成に努めること。

○地域人材の資質や能力の向上を図る人材育成プログラムを開発すること。その際，地域の実情を踏まえるとともに，行政各部局，大学，企業，NPO等と連携した実践性の高い人材育成プログラムづくりに努めること。

○社会教育主事，公民館主事等の社会教育担当者等は，社会教育の中核を担う「コーディネーター」として，プラットフォームづくりやネットワーク化の推進，協働活動の企画運営等に努めること。

○社会教育委員は地域のリーダーとして，プラットフォームづくりやネットワーク化の支援，社会教育関係職員の支援等に，積極的に取り組むこと。

○社会教育は，学校，家庭，地域の連携・協働を進めるため，学校教育との一層の連携を図り，双方をコーディネートできる教職員の育成に取り組むこと。

資料11　長崎県社会教育委員会答申概要

住みたい町　住み続けたい町　もどってきたい町

協働プログラム

※いつでも
※どこでも
※どなたでも

学びや活動の拠点
（公民館・学校など）

世代間の交流・連携

※できる人が
※できることを
※できるときに
※できるだけ

人材育成

元気に活躍する高齢者

学び，行動する子ども・若者

意欲的に活動する団体

活動・つながり

安全安心な暮らし

充実した子育て支援

プラットフォーム

○この長崎県社会教育委員会の答申には，資料11で示すように，

・共通目標に沿って活動する多様な団体や組織，地域住民等が主体的に参加することができる既存組織を生かした協働組織をつくること。

・地域住民の協働組織への参画意識を高める，協働プログラムを作成すること。

・協働組織の中で地域社会づくりに向けた学びや活動をコーディネートする人材を育成すること。　　など

○「連携・協働」の視点から地域づくりにアプローチするために，プラットフォームの構築，協働プログラムの策定，そして人材育成に関わる方策を示したことに特色があります。

○また，長崎県内の高等学校等を中心に地域課題解決学習が活性化しています。高校生たちが地元行政や企業等と協働しながら，地場産品を生かした商品開発に取り組んだり，まちづくり方策を首長や議会等に提言したりしています。学校教育レベルで多分野との協働学習・協働活動が活性化してきていることを踏まえ，多世代協働による地域社会総がかり体制の構築を推進するために，平成30年度から，「学び，行動する子ども・若者」を付け加え，施策への反映を求めています。

②　中央教育審議会答申

中央教育審議会は，平成30年12月，文部科学大臣から諮問を受けた「人口減少時代の新しい地域づくりに向けた社会教育の振興方策について」答申しています。答申は，社会教育を「個人の成長と地域社会の発展の双方に重要な意義を役割」を持つ教育という認識のもと，学びと活動の好循環を目指して，社会教育を基盤とした「人づくり，つながりづくり，地域づくり」について提言しています。答申はさらに，「開かれ，つながる新たな社会教育」の実現に向けた3つの方向性と具体的な方策及び「今後の社会教育施設の所管の在り方」について下記のような提言をしています。

○住民の主体的な参加のためのきっかけづくり

・楽しさをベースとした学びや地域防災，健康づくり，子育て，ICT利活用などについての学びや活動のきっかけづくりの工夫をすること。

・子どもや若者の学びや活動への参加を促すため，成功体験の獲得，自己有用感の醸成を図ること。

・社会の中で，孤立しがちな人，生きづらさを抱えている人に対して，福祉部局等との連携をしながら，アウトリーチの取り組みを強化すること。

・地域課題の発見から解決に向かう取組によって得られた成果等，各地域における活動の事例，分析，周知等を行うこと。

特に，次世代を担う子供・若者が，社会教育による学びを通じて地域課題やその解決方法を様々な世代の住民とともに実践的に学ぶことは，持続可能な地域運営につながる……（中略）……子供・若者の参加は他の住民の参加意欲にも好影響を与える……

（中央教育審議会答申より関係部分を抜粋）

○ネットワーク型行政の実質化～多様な主体との連携・協働の推進

- ・首長部局との連携を効果的に進めるために，総合教育会議の活用や部局間の人事交流を促進すること。
- ・社会教育行政担当部局と首長部局との連携の強化はもとより，社会教育関係団体，企業，NPO，学校等の多様な主体との連携を強化すること。
- ・地域学校協働活動を核にした社会教育と学校教育の連携・協働を推進するとともに，先進事例の収集・分析，情報発信を進めること。

　……社会教育担当部局のみで完結しがちな「社会教育」の壁を打ち破り，多様な主体との連携・協働を実現することが重要である。本来的には，社会教育は学校教育以外の組織的な教育活動全般を指すものであり，教育委員会やいわゆる社会教育関係団体だけでなく，首長部局やNPO，大学や専門学校，民間事業者等もその担い手として期待されるものである……

（中央教育審議会答申より関係部分を抜粋）

- ・多様な人材の幅広い活躍の促進・地域課題解決等に熱意を持って取り組む多様な人材を社会教育の活動に巻き込み，連携すること。
- ・これらの人材に非常勤の行政職等を委嘱し，地域の社会教育推進の一翼を担ってもらうこと。
- ・教育委員会と社会教育委員の有効な連携を図ること。
- ・社会教育主事が社会教育法に規定する必置職員であることを踏まえ，その配置を進めるとともに，NPOや企業等において地域の課題解決に取り組む人材に対して「社会教育士」資格（コラム②参照）の取得を推奨すること。

コラム②　社会教育士

　「社会教育士」は，社会教育主事講習等規程（文部科学省令）の改正に伴って，令和２年度から開始された制度です。今回の主事講習規程の改正は，大きく変化する時代や社会に即応できるコーディネート能力，ファシリテーション能力，プレゼンテーション能力等の資質・能力を備えた「社会教育主事」の育成を目的としたものです。「社

会教育主事」が，都道府県及び市町村教育委員会に配置しなければならない教育的専門職員であることはこれまで通りです。しかしご存知の通り，社会教育主事資格を取得しても都道府県及び市町村教育委員会から発令されなければ，「社会教育主事」の職務に就くことができないのが現状です。そこで今回の改正で，社会教育主事講習や大学の養成課程を修了すれば，教育委員会からの発令がなくても，誰もが自ら「社会教育士」と名乗ることができるようにしたのです。つまり，今回の改正によって，講習修了後，「社会教育主事の資格」と「社会教育士の称号」とを併せて取得できるようになったのです。国は，行政職員・NPO関係者・企業関係者・教職員等に対して「社会教育士」の取得を推奨しています。

　「社会教育士」制度は，地域における社会教育推進体制のすそ野を広げていくための改革です。今回の改正を通して，「学びのオーガナイザー」である「社会教育主事」と，多分野で活躍する「社会教育士」とが協働して，広く社会における教育活動，地域課題解決活動等に取り組んでいくことが期待されています。

　それでは，すでに「社会教育主事資格」を取得している人たちも，「社会教育士」を名乗ることができるのでしょうか。「社会教育士制度」は，社会教育主事講習等規程の改正に伴って，令和2年4月から開始された制度です。したがって，それ以前に社会教育主事資格を取得した人たちが，「社会教育士」を名乗るためには，新規程が示す要件を満たす必要があります。コーディネート能力等の諸能力の育成を図るために，以前の主事講習にはなかった「生涯学習支援論」と「社会教育経営論」の2科目が新設されました。令和元年度以前に社会教育主事資格を取得した人たちは，この「生涯学習支援論」及び「社会教育経営論」の2科目を履修することで，「社会教育士」を名乗ることが可能になります。

○また，答申の第2部の「社会教育施設の在り方」においては，これまでの地域の学習拠点としての役割に加え，今後の社会教育施設に求められる期待について，以下のように提言しています。

【図書館】

　今後は従前の機能に加え，学校や商工労働部局，健康福祉部局等と連携した個人のスキルアップ，就業支援，地域課題の解決や地域の先駆的・主体的取組の支援に資するレファレンス機能の充実など地域住民ニーズに対応できる情報拠点，まちづくりの中核となる住民の交流拠点としての機能を強化すること。

【博物館】

　今後は，「社会に開かれた教育課程」の実現に向けて，地域の学校における学習内容に即した展示，教育事業の実施や教師の授業支援につながるような教材やプログラムの提供等を強化すること。加えて，地域住民はもとより，国内・国外の多くの人々が知的好奇心を満たしつつ，広く交流することのできる場としての役割を強化すること。

【青少年施設】

　今後は，従前の役割に加え，次代を担う青少年の自立に向けた健全育成を総合的に推進し，さらには，青少年が社会の担い手となることを支援する拠点としての役割を担うこと。また，「社会に開かれた教育課程」の実現に向けた学校との連携の強化を図ること。

【公民館】

　地域コミュニティの衰退や館数の減少，主催事業の減少，利用者の固定化等の公民館の現状を踏まえるとともに，これまで公民館が培ってきた地域との関係を生かしながら，地域づくりにつなげる新たな拠点施設を目指していくために，下記に示すいくつかの提言をしています。

・地域課題を解決するために必要な学習を推進する役割
・学習の成果を地域課題の解決のための実際の活動につなげていく役割
・地域コミュニティの維持と持続的な発展を推進するセンター的役割
・防災拠点としての役割
・「社会に開かれた教育課程」の実現に向けた学校との連携及び地域学校協働活動の拠点としての役割
・中山間地域における「小さな拠点」の中核施設としての役割及び「地域運営組織」の活動基盤となる役割
・外国人が地域に参画していくための学びの場としての役割
・若者の参画や首長部局所管のコミュニティセンター，NPO，民間企業等との多様なネットワークの構築などを通じ，従前の公民館機能の一層の強化を図ること。

【今後の社会教育施設の所管の在り方】

　答申は，社会教育施設の新たな役割について提言する一方，公民館をはじめとする社会教育施設の今後の在り方に大きな影響を与えることが予想される「施設の所管の在り方」に係る方向性についても示しています。地方公共団体は，

> 　地方公共団体の判断により，地方公共団体の長が公立社会教育施設を所管することができる仕組み（特例）を導入すべき。

という意見を国に示しました。社会教育法に明文化され，これまでは主に教育行政が所管してきた公民館等の社会教育施設について，首長（部局）が所管できるような特例をつくってほしいという意見・要望です。

　この地方公共団体からの意見を受けて，この答申は，「生涯学習社会の実現に向けた横断的・総合的な教育行政の展開に向け，社会教育に関する事務については，今後とも教育委員会の所管を基本とすべき」と明示する一方で，「社会教育の適切な実施が確保されることを条件に，地方公共団体の長が，その判断により，公立社会教育施設を所管できる特例を設けることについては，『可』とすべきである」としています。その上で，特例を設けることのできる要素・可能性等について，2つの側面から検討を加えています。

○特例を設けることのできる要素の1点目が，「他行政分野との一体的運営による質の高い行政の実現の可能性（がある場合）」です。その事例として，下記を示しています。

・社会教育施設の事業と，まちづくや観光等の他の行政分野の社会教育に関連する事業等とを一体的に推進することで，より充実したサービス等を実現できる可能性（がある場合）

・福祉，労働，産業，観光，まちづくり，青少年健全育成等の他の行政分野における人的・物的資源や専門知識，ノウハウ，ネットワーク等の活用により社会教育行政全体を活性化できる可能性（がある場合）

・社会教育の新たな担い手として，まちづくりや課題解決に熱意を持って取り組んでいるにもかかわらず，これまで社会教育と関わりがなかった人材を育成・発掘できる可能性（がある場合）

○2点目が，「施設の効果的・効率的な整備・運営」の観点から，

・首長部局が中心となって行っている社会資本の整備計画等を通じた施設の戦略的な整備や，さまざまな分野が複合した施設の所管を一元化することによる，当該施設の効率的運営の可能性（がある場合）　　など

○地方公共団体の要望や中央教育審議会の答申を受けて，国は令和元年6月文部科学省総合教育政策局長名で「地域の自主性及び自立性を高めるための改革の推進を図るための関係法律の整備に関する法律による社会教育関係法律等の改正について（通知）」を，地方公共団体の長及び教育長宛て発出しています。国は通知の中で，「社

会教育に関する事務については，今後とも教育委員会の所管を基本とすべき」としながらも，「教育委員会が所管する公立の図書館，博物館，公民館その他の社会教育に関する教育機関について，まちづくり，観光など他の行政分野との一体的な取組の推進等のために地方公共団体がより効果的と判断する場合には，社会教育の適切な実施の確保に関する一定の担保措置を講じた上で，条例により，地方公共団体の長が所管することは可能」としています。

○一方で通知は，地方公共団体の長が所管する場合であっても，社会教育法や図書館法等に基づく社会教育機関であることを明示するとともに，政治的中立性の確保，地域住民の意向の反映，継続性・安定性の確保，社会教育と学校教育の連携等を確保することを求めています。その上で，社会教育機関の専門性を確保するため，法令に基づく基準を踏まえた専門的職員の配置等の重要性を指摘しています。加えて，首長部局やNPO等の多様な主体との連携・協働によって，社会教育施設が地域の社会教育振興のけん引役として，積極的な役割を果たすことを求めています。つまり，中央教育審議会の答申が，制度化されたと考えてもいいでしょう。この通知趣旨に基づき，公民館等の社会教育施設の，教育委員会から首長への移管が全国各地で進んでいます。公民館であったものが，コミュニティセンターになったり，ふれあいセンターになったりしているのがその例です。加えて，社会教育施設の指定管理化が進んでいる現状もあります。

○社会教育施設の首長部局への移管により，答申が示すような教育行政と他の行政分野との一体的運営が進み，まちづくり，観光，福祉等に係る行政施策と社会教育機能の円滑な協調及び事務の合理化等について，一定の期待ができるとも考えられます。しかし，その期待の一方で，いくつかの，そして大いなる懸念・課題を感じてもいます。

・各自治体が策定するまちづくりの総合計画の中に，「社会教育」「公民館教育」が明確に位置付けられているのだろうか。

・社会教育，社会娯楽，自治振興，産業振興等を目的として設立され，70年余にわたって，地域活動や人材育成等に貢献してきた公民館の歴史的な役割，公民館が積み上げてきた経験知，あるいは地域人材・地域団体との関係性を生かした体制づくり等を踏まえた事業計画の策定が可能だろうか。

・通知や答申は，専門的職員の配置を求めているが，必置職である社会教育主事すら配置されていない現状の中で，行政間調整やNPO等の外部団体等との連携・協働等，コーディネーター，オーガナイザーとしての，高度な専門的知見・技能を有する人材を配置することができるのだろうか。特に，国が求める社会教育士

の養成・配置ができるのだろうか。

・通知や答申は，社会教育施設が首長所管に変わっても，「当該地方公共団体の規則で定めるものを管理し，及び執行するにあたっては，当該教育委員会の意見を聴かなければならない」としているが，教育委員や教育委員会事務局職員，公民館職員等の社会教育や社会教育施設の機能についての理解や実践が整っていない現状の中で，社会教育振興に向けた建設的な意見具申ができるのだろうか。

・人口減少等による自治体財源が縮小していく中で，専門的人材の配置，運営予算の確保，社会教育関係団体の支援等について継続性や安定性を担保し続けることができるのだろうか。　　など

○グローバル課題や地域課題が山積する現状の中で，地方公共団体からの要望，答申・通知の趣旨について，理解できる部分はあるものの，専門的職員の減少，主催事業の減少，利用者・団体の固定化，貸館化等が進む公民館の現状の中で，社会教育振興に向けた首長移管の施策が，結果的に，財源対策のための合理化施策として進められる懸念は払しょくできません。国の施策と，自治体レベルの社会教育や社会教育施設の現状との乖離を強く感じてしまいます。

(3) 2つの答申が示唆すること

① 持続可能な社会づくりを共通課題化する

○気候変動による異常気象，海や森などの自然環境の破壊や汚染，経済成長に伴う経済格差，感染症，地域紛争など，私たちが住む世界には解決しなければならないさまざまな課題が山積しています。

○また，我が国においても，豪雨やスーパー台風の多発やコロナウィルス感染症の蔓延等によって，人々の生命が失われ，政治や経済は混乱し，先の見えない不安な日々を生きている多くの人たちがいます。

○このような課題を放置し，何の手も打たなければ私たちの生きる社会の未来が良い方向に向かうことは決してないでしょう。

○一方で，顕在化・深刻化する多種多様な問題に，住民レベルで対応すべき地域の活力は，人口減少，少子高齢化，過疎化等によって，ますます低下してきています。私たちが生まれ，生き続けていく世界や日本，そしてふるさとの「持続可能性」が問われる時代になってしまったのです。

○世界に目を転じても飢餓・貧困・環境など，さまざまな事由から「持続可能性」に対する国際的危機感から，国際連合の提唱に基づき，下記のコラム③で紹介する「SDGs（Sustainable Development Goals）」の取組が世界中で展開されるようにな

りました。

○地球にこれ以上負荷をかけない，未来に負担を残さない生活を創るための学びと実践が，私たちに求められているのです。

○2つの答申は，近未来が提起する重要課題である「誰ひとり取り残さない持続可能な社会」づくりに向けた，自治体レベル，住民レベル等での具体的取組を求めているのです。

　　誰ひとり取り残さない持続可能な　子どもの幸せを

　　誰ひとり取り残さない持続可能な　女性の平等の社会参加を

　　誰ひとり取り残さない持続可能な　高齢者の豊かな日々を

　　誰ひとり取り残さない持続可能な　住民の安心安全な暮らしを

　　誰ひとり取り残さない持続可能な　元気なふるさとを　　　など

の実現向けた，住民，行政，学校，企業，NPO等による目標の共有と協働による社会教育実践が2つの答申に共通する基調になっています。

コラム③　SDGsと社会教育

　最近，テレビや新聞などでSDGs（Sustainable Development Goals）という言葉を耳にすることが多くなりました。今，私たちが住む世界は，飢餓，貧困，環境破壊，感染症，異常気象などの重たい課題を抱えています。また，我が国においては，急速に進行する人口減少，過疎化，少子高齢化が，人の暮らしや教育，まちのあり様などに深刻な影響をもたらしています。

　SDGsは「誰ひとり取り残さない」を共通理念として，下記に示す17のゴールを「協働」の力で解決・達成し，すべての人が幸せに生きることができる持続可能な社会を目指す取組として，2015年国際連合において採択され，2030年までの達成を目指しています。

　「4.質の高い教育をみんなに」，「11.住み続けられるまちづくりを」は，社会教育と直接的な関わりがあるゴールです。それ以外のゴールについても，必要に応じて学級・講座等の内容として取り上げ，学びを重ねてきている地域もあることでしょう。大切なことは，社会教育の学びを，「17.パートナーシップで目標を達成しよう」が示すように，協働の力で実質化することです。

　「持続可能な地域づくり」は，人口減少等に悩む自治体においては，早急に取り組むべき重要課題であり，「人を育み，人をつなぎ，まちを元気にする」ことを目指す社会教育と共通する課題です。「学びと協働による地域社会づくり」に寄与できる社

会教育の展開が急がれます。

② キーワードは「協働」

○2つの答申には，2年間ほどの時間差がありますが，比較してみるとその内容が酷似していることがわかります。2つの答申の共通するキーワードは「協働」です。

○子ども・若者から高齢者までの多世代による協働や，首長部局やNPO，企業，大学等の研究機関等の多分野協働の重要性を指摘していることです。

○私たちが生きる地域社会には，防災，防疫，防犯，健康，教育，子育て等，早急な解決・改善を迫られている課題が山積しています。

○子育て支援・子育て環境の醸成を例に挙げると，このことに取り組んでいるのは教育行政だけではありません。首長部局も，警察もPTAや青少年健全育成協議会等の任意団体も，NPO法人も取り組んでいます。

○なぜなら「子育て」は少子化が進行する社会の共通課題であり，行政課題だからです。しかし，共通性・類似性の高い目標を掲げながらも，組織間のつながりが弱いために組織単位のばらばらな活動が展開されています。

○その結果として，活動の効果があがらないばかりか，子ども，親，地域住民等に大きな負担をかけてしまっているという現実があります。

○先述した通り，人口減少社会，高齢社会は，伝統的な地域維持活動等の継続に係る一人ひとりの負担が大きくなる社会です。目標の共有と組織及び活動の集約は，急ぎ検討すべき重要な必須課題になっています。

○特に高校生や大学生は，若者の視点でさまざまな切り口から，行政や企業等と連携しながら，提案性の高い地域課題解決学習に取り組んでいます。

○協働の活性化によって，これまで社会教育とは縁の薄かった首長行政，企業，NPO，学校等が，社会教育の意義と機能に気づき，さらなる協働が促進されるこ

とが期待されています。つまり協働の活性化は，社会教育の可視化を前提とします。

○今まさに，社会教育は世代分断，分野分断の橋渡し役という大切な役割を担うことになったといってもいいでしょう。

③　学校教育との連携

　ここで連携・協働すべき身近な教育機関である学校教育推進の方向性について，社会教育との関連から整理しておきたいと思います。

○学校教育で行われる教育課程の基準を示している，敢えて言えば法的拘束力を有する「学習指導要領」は，その前文において，「多様な人々と協働しながら様々な社会的変化を乗り越え，豊かな人生を切り拓き，持続可能な社会の創り手となることができるようにする」ことを明示しています。さらに前文は，教育課程を通して，これからの時代に求められる教育を実現していくためには，よりよい学校教育を通してよりよい社会を創るという理念を学校と社会とが共有し，それぞれの学校において，必要な学習内容をどのように学び，どのような資質・能力を身に付けられるようにするのかを教育課程において明確にしながら，社会との連携及び協働によりその実現を図っていくという，「社会に開かれた教育課程の実現」する重要性を指摘しています。

○国はこの前文趣旨を踏まえて，これからの教育課程編成の理念として，下記事項を示しています。

　・社会や世界の状況を幅広く視野に入れ，よりよい学校教育を通じてよりよい社会を創るという目標を持ち，教育課程を介してその目標を社会と共有していくこと。

　・教育課程の実施に当たって地域の人的・物的資源を活用したり，放課後や土曜日等を活用した社会教育との連携を図ったりして学校教育を学内に閉じずに，その目指すところを社会と共有・連携しながら実現させること。

○いわゆる「社会に開かれた教育課程」を編成し，社会総がかり体制の中で，近未来を生きる児童生徒の育成を目指すことを強く求めています。

○協働による「持続可能な社会の創り手の育成」の表記でもわかるように，今回の学習指導要領改訂の基調には，コラム③欄で示しているSDGsの考え方が色濃く投影されています。

○これまでも「学校・家庭・地域の連携」等の取組が確かに進められてきました。しかし，学校に求めに応じた学習活動や，環境美化，子どもの見守り等の側面支援等の，ごく一部の限られた連携にとどまり，「よりよい社会を創る」という目標の共有に基づく協働活動まで届いていたのでしょうか。今回の教育課程の改定を，学校

教育との協働による社会教育推進の絶好の機会ととらえる前向きな姿勢が，社会教育関係者に求められています。

○「学校教育を学校内で閉じずに…」は，「社会教育を公民館内や団体内で閉じずに…」と読み替えることができます。学校教育は，生涯学習の一環として進められる社会教育の成果還元の重要なステージと積極的にとらえていくことが大切です。

○今，学校教育が教育課程を開いて，地域の人的，物的資源の活用を図ろうとしています。しかし，学校が求めているのは必ずしも教育行政主導の社会教育ではないはずです。むしろ，首長行政や企業，研究機関，NPO等の市民活動などのさまざまな「社会で行われる活動」との協働を求めるケースの方が多いのかもしれません。なぜなら，従来型の社会教育活動が学校からは見えづらいからです。「よりよい社会を創る」目標とその実現を図る教育課程の共有を図りながら，地域課題を学び，積極的に対応する社会教育の創造と可視化が求められているのです。

○「放課後や土曜日等を活用した社会教育との連携を図ったり……」は，放課後子ども教室等の従来型の教育行政主導の社会教育の展開にあたっても学校教育と目標を共有し，これまで以上の密接な連携・協働を進めていくことが求められているのです。

○連携が実質化されたものが協働です。学校教育と社会教育の協働体制の構築のための「橋渡し機能」「コーディネート機能」充実が，学校教育にも社会教育にも求められるようになったのです。

○平成29年に社会教育法が改正され，下記の「地域学校協働活動推進員」の項が新設されました。地域と学校がパートナーとして連携・協働し，社会総がかりの教育の実現を図るため，「地域学校協働活動」を法律で位置づけるとともに，「地域学校協働活動推進員」の委嘱について定めたものです。これは住民の参画による「地域学校協働活動」の円滑で効果的な実施を通して，学校運営の円滑な改善に資することを目指しています。つまり，学校と地域の橋渡し機能，コーディネート機能の充実を目指す法の整備が図られたということです。

社会教育法

第９条の７（地域学校協働活動推進員）

　　教育委員会は，地域学校協働活動の円滑かつ効果的な実施を図るため，社会的信望があり，かつ，地域学校協働活動の推進に熱意と識見を有する者のうちから，地域学校協働活動推進員を委嘱することができる。

２　地域学校協働活動推進員は，地域学校協働活動に関する事項につき，教育委員会の施策に協力して，地域住民等と学校との間の情報の共有を図るとともに，地域学校協働活動を行う地域住民等に対する助言その他の援助を行う。

5 地域における「知の循環システム」をつくる

(1) 社会教育の現状から考える

○長崎県は，人口減少，高齢化が全国よりもかなり早いスピード進行しています。いわば，人口減少，少子高齢化，過疎化の先進地域だとも言えるでしょう。今後10年後，20年後，我が国全体が直面するであろう具体的な問題がすでに顕在化している地域です。

○確かにまちづくり，個々の住民の生きがいづくりに寄与する社会教育の推進は難問です。しかし一方で，近未来の世界・日本・私たちのふるさとへの危機感から，さまざまな組織・団体あるいは個人が，さまざまな取組を活発に進めていることもまた事実です。

○これまでの社会教育の在り方を振り返りつつ，これからの時代に通用する，「社会教育の長崎県モデル」を創造・構築するポジティブな機会ととらえていく，社会教育担当者の心の置きようが問われているのだと思います。

○ただ言えることは，さまざまなまちづくり対策等に対応する力量が日増しに減退してきている地域が増えてきているということです。私たちにそんなに潤沢な時間は残されてはいないということです。

○地域が抱える課題についての学びと協働を通して，人のつながりを再生し，まちの元気づくりを目指していくことが社会教育の本態であることを繰り返し伝えてきました。

○その一方で，社会教育推進体制が弱体化し，拡大化，顕在化，深刻化する地域課題等への対応力が低下するとともに，社会教育の存在が埋没してきていることについての懸念も併せて示してきました。

○社会教育関係者の集まりに参加すると，「専門職員がいない，金がない，後継者がいない」等々の「ないない尽くし」の，愚痴めいた後ろ向きの発言に出会うことが多くなってきました。教育行政等の社会教育推進体制が弱体化していることは認めつつも，現状を放置し続ければ，まちづくり，生きがいづくり等に重要な役割を担う社会教育の衰退は顕著になり，やがて無力化していくだけだと思っています。

○社会教育にかかわるすべての人々は，社会教育の衰退が地域の衰退に直結する重要な課題であることを自覚するべきだと考えています。

(2) 知の循環システムを考える

○先細りする地方の財政状況を考えると，専門的職員養成・配置あるいは増員，事業予算の確保等，財源を伴う施策・措置を早急に行うことは困難と言わざるを得ないでしょう。

○長年にわたって地域を支えてきた社会教育関係団体等の衰退も避けられないでしょう。

○条件が整わなければ，事業や活動ができないというのではなく，まずは，急速に変化する地域状況を踏まえつつ，行政諸施策，外部団体等の活動等を踏まえ，個々の地域の推進体制の現状に応じた社会教育への転換を図ることが必要なのではないでしょうか。「ないものねだり」をしても，ことは先に進まないばかりか，時代の流れに取り残されてしまうことになりかねないのです。

○地域活力が低下している現状の中でも，地域のために，高齢者のために，子どもたちのために等々，地道に活動している個人や団体は存在しています。

だから，「在るものを活かす」「在るものをつなぐ」という発想に立った，社会教育展開を構想することが重要です。

○地域の実情に応じた社会教育の展開，まちの活性化や住民の生きがいづくりに直結する社会教育の推進を検討するうえで，大きなヒントを与えてくれるのが，先述した教育基本法や社会教育法，中央教育審議会答申，長崎県社会教育委員会答申です。

○教育の根幹法である教育基本法第3条において，「学ぶこと，学びの成果を生かすこと」を生涯学習の理念として示し，教育基本法第12条において，社会教育を「個人の要望や社会の要請にこたえ，社会において行われる教育」と定義しています。改めて整理してみると，

・生涯学習は，「学ぶこと，学び続けること，そして学びの成果を生かすこと」の一連の学習であること。

・生涯学習の一環として進められる社会教育は，個人の要望，社会の要請にこたえる教育であり，学びの成果を社会の中で生かす教育であること。

・生涯学習の視点に立った社会教育は，「学ぶために学ぶ教育」ではなく，「行うために学ぶ教育」で

> **教育基本法**
> **第3条**（生涯学習の理念）
> 　国民一人一人が，自己の人格を磨き，豊かな人生を送ることができるよう，その生涯にわたって，あらゆる機会に，あらゆる場所において学習することができ，その成果を適切に生かすことができる社会の実現が図られなければならない。

あること。

・絶えず地域社会との「つながり」の中で進められる教育、それが社会教育であること。自己完結型の個人的で趣味的な学びで完結しては、生涯学習の要件を満たしたことにはならないこと。

○個人の要望として行われる個人的で趣味的な学びであっても、その学習の成果を、個人や公民館に

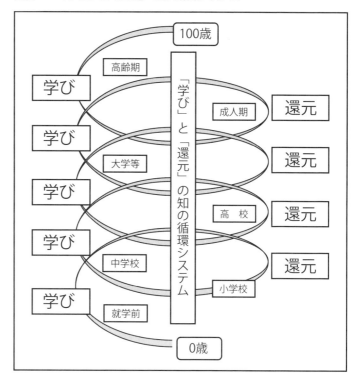

資料 12 「学び」と「還元」の知の循環システム

閉じることなく、例えば、放課後子ども教室や自治公民館等における地域活動や学校が開いた教育課程に活かす取組につなげていくことを求めているのです。

○資料 12 で示すように、「学び→成果還元→新たな課題把握→新たな学び→新たな成果還元」の繰り返し、言い換えれば、学びと成果還元の好循環を構築することが、これからの社会教育の推進の重要な課題です。いわば、各地域における「知の循環システム」を築き上げることへの努力が求められていると言ってもいいでしょう。

○このような生涯学習の視点に立った社会教育における「知の循環システム」を踏まえた学びと実践を通して得られた達成感や自己有用感、学習意欲等を、個々人の「生きがいづくり」につなげていくことも期待されています。

○「いつでも、どこでも」の学びを通して、「できることを、できる時に、できる人が、できるだけ」社会還元する、生涯学習の視点に立った、学びの循環性の高い良質な社会教育の創造が求められます。

(3) 学びを開く社会教育を創る～社会教育の可視化～

○社会教育に関わるようになって驚いたことは、社会教育の認知度が極めて低いということです。

○特に教育関係者以外の人たちの社会教育についての理解は著しく乏しいと言わざるを得ません。キャリア形成の過程で学校教育と同様に，社会教育と深くつながって生きてきたのにもかかわらず…です。

○個人の要望や社会の要請に対応するという要件さえクリアすれば「具体の学習内容は何でもあり」という社会教育の特質も，理解が進まない理由のひとつでしょう。

○社会教育の拠点施設である公民館についても，「公民館区に居住する高齢者が，趣味的な活動をする場所」などという誤解の中にあることも否定できません。

○地域社会との「つながり」の中で学ぶ教育であるにもかかわらず，自己完結型の閉じた学びになる傾向にあることが，社会教育への理解が進まない要因にもなっています。

○「つながり」や「協働」の重要性が指摘されるようになってきた状況の中で，社会教育活動の「可視化」，学習活動の成果の「見える化」は大切な課題と言えるでしょう。

○「つながり」は双方向性です。社会教育についての認知度が低い状況下では，首長部局，企業，NPO等の市民活動団体等，外部組織からの連携・協働に向けたアプローチは期待できないでしょう。

○一方，中央教育審議会答申が「地域学校協働活動を核にした社会教育と学校教育の連携・協働を推進するとともに，先進事例の収集・分析，情報発信を進めること。」と示しているように，個々の地域の社会教育実践情報を積極的に発信していくとともに，多世代協働・多分野協働の実現に向け，首長部局や企業，NPO，学校等の活動情報を把握し，社会教育活動の成果を生かせる多様なステージを発掘していくことも社会教育担当者に期待される大切な役割になってきました。

○例えば，学校教育では今，「持続可能な社会の創り手の育成」に向け，教育課程を地域社会に開くとともに，社会総がかり体制の中で，子どもたちを育成する方向性を打ち出しています。

○コミュニティスクール（学校運営協議会），地域学校協働本部等の取組も学校教育と社会教育の，これまで以上の連携と協働を求める施策です。

○これらの取組は，少子化が進む中，地域社会の教育力を生かし，多くの人の力を結集して子どもたちを育成しようとする取組であるとともに，学校や子どもたちとのかかわりを通して，地域のつながりと元気を取り戻そうとする取組でもあるのです。

○また学校は今，首長行政や民間企業，大学等の研究機関，NPO等の市民団体等と連携・協働した取組を積極的に進めようとしています。長年にわたって地域の活性化に寄与してきた社会教育行政は，この学校の動きから取り残されてしまっている感が否めません。

○だからこそ今，社会教育の中での「還元可能な学びのプログラム」や学校の教育課程に反映できる「学びの成果」を可視化していく必要があるのです。

○地域の元気づくり，つながりづくりに寄与するさまざまな組織・団体の活動が活発化している今，社会教育活動の活性化に向けた連携・協働の機が熟してきていると言ってもいいでしょう。

○先に示したSDGsの17番目のゴールに「パートナーシップで目標を達成しよう」があります。地域住民の学びと成果還元活動の充実を起点にした元気なまちづくりを目指すために従来型の社会教育行政の壁を乗り越え，多世代・多分野との積極的な連携・協働をすすめていかなければなりません。SDGsの普及は社会教育にとって追い風です。

(4) 学びと成果還元の地域システムの基盤を考える

① 「在るもの」を生かし，つなぐ

○グローバル課題や地域課題の顕在化，深刻化していくプロセスの中で，さまざまな施策が進められ，伴ってさまざまな組織が立ち上げられてきました。

○組織の乱立は，活動の乱立につながり，人口減少，少子高齢化が進む地域の住民に大きな負担になっていることについては，先に記述したとおりです。

○新たな組織を立ち上げ，新たな活動を展開していく地域の力は加速度的に低下してきています。それが簡素で，多くの役割を果たす多機能型組織が提言されている大きな理由です。

○ですから，これからの社会教育を進めていく上で，在るもの（組織・活動等）を，その目的や対象，活動内容等の視点から見直すとともに，「新たなつながり」を再構築していくことが必要です。

○これまで，社会教育の重要性を語りながらも，社会教育の現状についてネガティブな意見を重ねてきました。しかし，衰退の傾向は強いものの，社会教育法制定以降の70年間で培ってきた社会教育の底力はまだまだ大きな可能性を持っています。「協働」を積極的に推進していくためには，既存の，そして現状を踏まえた教育行政，社会教育行政，社会教育施設，社会教育関係団体等の「強み」について整理・確認しておくことは，社会教育が自信を回復するための原点です。

② 既存の社会教育推進体制の強みを考える

ア 教育行政及び社会教育行政

○学校・公立公民館等を所管していること。市町村によっては公民館類似施設（自治

公民館等）の支援を所管していること。

○婦人会，PTA 等の社会教育関係団体や自治会をはじめとする地域組織との深いつながりを有していること。（※社会教育関係団体として社会教育行政推進の一翼を担ってきた団体であり，多くの組織が「つながり」を求めている組織・団体を所管しています。）

○学級講座，研修会・講演会や体験活動等の事業の企画・運営のノウハウを有していること。（※事業優先，活動中心の組織的活動を，人材育成の視点から充実させる機能を有しています。社会教育行政が積み上げてきた経験値は重要性を増しています。）

○学級・講座，講演会等の企画を通して，多様な人材・組織との関わりを重ねてきた実績を有していること。豊かな知見，経験知を有する受講生等（特に高齢者）とのつながりが形成されていること。

○上記理由から，そもそも教育行政や社会教育行政には協働の起点機能が備わっていること。

イ　社会教育主事等担当職員

○まちづくり，福祉，防災，環境等については，住民課題であると同時に行政課題であることから，役所内のさまざまな部署がそれぞれの地域課題（社会の要請課題）の解決のために取り組んでいること。

○社会教育主事に住民の自主的自発的な学習活動及び学びの成果還元活動の支援を行う「学びのオーガナイザー」として期待されるようになったこと。

○令和２年度から「社会教育士制度」が開始されました。一般行政，企業，NPO 等への配置が推奨され，地域における社会教育推進体制のすそ野の広がりが期待できること。（P46 コラム②参照）

○社会教育に係る資格，知見，経験は不足していても，異動によって行政内でさまざまな業務を経験することによって得られた知見，人脈，組織とのつながり等は，「協働」を軸に展開する社会教育推進を検討するうえで，極めて大きな力になり得ること。

○上記のことから専門的職員でなくとも，「協働」のキーパーソンになり得る可能性を有していること。

ウ　社会教育委員

○社会教育委員は「民間人で社会教育に優れた意見を有する人々の卓見良識を社会教育の施策の上に実現する」ことを目的につくられた制度であること。文部科学省令には「学校教育及び社会教育の関係者，家庭教育の向上に資する活動を行う者並び

に学識経験ある者の中から委嘱すること」と記されていること。

○社会教育活動に熱心に取り組む，地域の中で，あるいは行政に対して一定の影響力を有する人材が社会教育委員だと言ってもいいでしょう。委嘱された委員個々の活動や社会教育委員の会議の議論等を起点に，地域内組織連携及び行政内関係各課の協働体制の構築等，施策の実質化に重要な役割を担う職であること。

○多様化する地域課題解決に向け，多機能型の多世代・多分野協働体制による社会教育の推進の実質化を図るために，社会教育所管課と連携し，多世代・多分野の人材を社会教育委員に委嘱することも可能であること。

○業務の協働化を目的に，まちづくり，防災，健康福祉，子育て等の首長部局関係課，学校教育所管課等に，社会教育委員の会議に出席を求めることにより地域課題の解決に向けた多様な行政施策について，社会教育委員の理解を深めることができること。

○つまり，社会教育委員の会議の場を生かし，社会教育の行政内可視化を図り，行政内連携・協働の充実・推進を目指していくことが可能であること。

○一つの事例として，長崎県社会教育委員の会議の取組を紹介します。
　資料13で示しているように，社会教育委員会に参加する教育委員会及び知事部局の関係各課を「協働課」と位置づけています。会議を通して社会教育の意義について理解を深めるとともに，事業（施策）の協働化や相互支援について議論を進めています。

○この県社会教育委員会の取組は，市町における社会教育委員会や行政内協働の在り方等について一つのモデルを提起しています。

資料13　長崎県社会教育委員会の取組

1　県教育委員と県社会教育委員との協議会の実施（定例化）
2　県庁関係課の社会教育委員会への参加（協働課として位置づけ）
①生涯学習課　②義務教育課　③高校教育課　④特別支援教育室　⑤政策企画課
⑥地域づくり推進課　⑦長寿社会課　⑧若者定着課　⑨人権・同和対策課
⑩こども未来課　⑪都市政策課　⑫県民生活環境課
※協働課：講師，講師紹介，事業広報・周知活動，共催・後援，イベント参加等
3　県HPへの社会教育委員会議事録に加え，概要版（ビジュアル化）を掲載
4　県HPによる社会教育委員個々の活動紹介
5　県社会教育委員連絡協議会（市町社会教育委員長参加）と県社会教育委員会（協働課参加）の合同開催
6　リーフレット「自ら考え，行動する社会教育委員を目指して」の作成

エ　社会教育関係団体

○婦人会，老人クラブ等の社会教育関係団体は，地縁を基盤に，継続的地域活動を展開してきた組織であること。

○長年にわたる組織的活動を通して，多様な人脈や組織とのつながりを有している団体であること。

○社会総がかりの教育体制の構築が求められる状況の中，コミュニティスクール，放課後子ども教室，通学合宿等の子どもの教育支援事業及び子ども食堂等の福祉関係事業や環境改善活動等について，豊かな経験知を有している組織であること。

○女性活躍，ジェンダー，子ども・高齢者の支援・見守り，まちづくり等，これまでの組織活動で得られた経験知が生かせる多様な社会問題が顕在化しています。組織の存在意義を示すことができる多くの場や機会があること。

○地域課題の解決に向けた協働活動のコーディネート，地域組織間の橋渡し役としての役割に期待することができます。

オ　公立公民館

○子どもから高齢者を対象に，多様な学習プログラムを提供する日本ブランドの誇るべき公的社会教育施設であること。

○「誰もが　いつでも」しかも安価に利用できる地域の拠点施設であること。

○教育行政施設であることから，教育基本法が言う「個人の要望」に基づく課題のみならず，首長部局及び関係機関等と連携・協働し，さまざまな「社会の要請」に基づく課題についての学びと成果還元の場や機会の設定・展開が可能であること。

○学級・講座等の受講生（特に高齢者）は，個々のキャリア形成過程で身に付けてきた豊かな知見，経験値を有しており，受講者のキャリア活用によって，地域課題の把握及び協働活動の促進に大きな力となり得ること。

○地域活力が喪失していく中，社会教育の推進と社会教育拠点施設の運営を一元的に議論・提言するために，公民館運営審議会と社会教育委員の会議を統合する市町村も出てきている。「組織」より「機能」でつながり，設置趣旨の実質化を図る体制づくりによって充実した公民館活動の展開が期待できること。

カ　自治公民館

○各地域で自主的に運営される地縁由来の伝統的な共助組織です。地域住民にとって，もっとも身近で小さな拠点であること。

○住民の総意で，防災活動等の安心安全な地域づくり，環境美化活動等のきれいで住みよい地域づくり，お祭りや敬老会等の助け合う地域づくり等に取り組む地域の拠点施設であり，長年にわたって活動が実質化されてきたこと。

○少子化の進行に伴い，地域活動の拠点であった小中学校の統廃合が加速し，地域活力の低下の大きな要因になっています。特に学校を失った地域において自治公民館の役割が，相対的に大きくなってきていること。

○集落維持機能の低下等に伴い，持続可能な地域づくりが重要課題になり，地域住民に共通する課題の解決に向けた学習活動及び住民自治活動の拠点として，行政等の自治公民館に対する期待が大きくなっていること。

○そのために，

・近隣自治公民館とのネットワークを強化すること。

・市町村施策に基づく学習活動を強化すること。

・広域的な学習機関である公立公民館との連携を強化すること。

・状況によっては，地域の社会教育（関係団体）機能，社会娯楽機能，町村の自治振興機能，産業振興機能等を自治会等に集約する等，組織の在り方等を見直すこと等により，自治機能，問題解決機能の改善・回復を目指すこと。　　　など

を通して，「自分たちの地域の問題は，自分たちの力で」取り組む力の涵養やふるさと再生への意欲の高揚等が期待できます。

○資料14が示すように，社会教育行政，公立公民館，及び首長行政による自治公民館に対する支援機能の充実を図り，住民にとって最も身近な「小さな拠点」における地域課題解決に向けた学習と実践を推進していくことは緊急かつ重要な課題です。

資料14　自治公民館と公立公民館をつなぐ

○いささかの課題や願望を交えながら，教育行政，社会教育行政，社会教育施設，社会教育関係団体等の「強み」を語ってきました。社会教育が，長年にわたって実際生活に即した学びを通じた実践性の高い活動によって，地域コミュニティの形成，活性化に大きく寄与してきたことは確かです。

○しかし，社会教育展開の原点を1949（昭和24）年の「社会教育法」の制定に求めても，すでに70年以上の時間が経過しています。

○私たちの暮らしは，70年前とは様変わりし，社会の持続可能性が問われるさまざまな課題に直面しています。その一方で，課題解決の基盤となるコミュニティの力は，人口減少等によってますます劣化してきています。何ら手を打つことがなければ，地域体力はますます減退していくことでしょう。

○目まぐるしく社会は変化し，それに伴って社会教育法が言う「実際生活に即した課題」も大きく変化してきました。ある意味，社会教育の定義を拡張するとともに，変化する課題，変わる学習内容，多様な学習方法，多彩な協働対象等を受け入れながら，主体的に変化していく社会教育の創造に努めていくことが肝要だと考えます。

○進化論で知られるダーウィンは，下記のような言葉を残しています。

> 最も強いものが生き残るのではなく，最も賢いものが生き残るのでもない。
> 唯一生き残ることができるのは，変化に適応できたものである。

○現状は，社会教育行政や社会教育関係団体，公民館活動等の社会教育行政の「継続性・持続可能性」が問われる時代になったのです。時代や社会の変化に「適応」できなければ，時の流れから取り残され，社会から淘汰されるだけです。残念ながら，その懸念が現実化してきています。

○社会教育関係者については，70年間の伝統が旧弊になっていないか，地域還元力の弱い事業第一主義に陥ってはいないか，社会の要請から乖離した閉じた学び，活動になってはいないか等について，厳しい振り返りが求められているのです。

○「学ぶこと」は「変わること」に他なりません。

○組織維持，活動維持に汲々とするだけでなく，伝統の中で培ってきた組織，活動，役割等を，新たな時代，変化する社会の中で生かせるよう「学び，変わり，動く」ことが，待ったなしになりました。

○社会教育が変化していくための視点が，先述した2つの答申が示した下記事項です。

> ・多世代・多分野・多機能型の小さな拠点づくり（プラットフォーム）
> ・情報・活動のネットワークの形成（協働プログラムの策定）
> ・プラットフォームを基盤としたプログラム活動による人材育成

（5）学びと成果還元の地域システムをつくる

○課題が深刻化し，地域の力は劣化していく現状の中で，行政を軸にさまざまな「まちづくり」施策が展開されています。私たちも「まちづくり」の語を頻繁に使用するようにもなってきました。だが，「まちづくり」とは「何をすることか」の具体的なイメージを持ち合わせないまま使用している人がたくさんいるのではないかと思います。

○大切なことは地域の現実を踏まえて「まちづくり」を具体的に議論し，行動できる環境をつくることです。地域住民の困り感等を，明らかにしていく過程を経て，目標を共有するとともに，まちづくり活動，まちづくり組織の在り方，そのための学習・活動内容等について熟議を重ねることが必要だと思います。

○学びや活動を通じて住民（多世代・多分野）のつながりを再構築し，共有化されたまちづくり目標の実現に向けた学習と実践の具体化は急務です。

○「プラットフォームの構築」「協働プログラム」「人材育成」の３視点から学びと地域還元の地域システムの基盤形成に向けた学習活動を志向する時，以下の３つの切り口からのアプローチが考えられます。

  ①　地域課題（学習・活動内容）でつながる学習活動
  ②　学習・活動対象者でつながる学習活動
  ③　地域でつながる学習活動

①　課題でつながる

○「教育はいつも現実的で，具体的」という話をしましたが，「まちづくり」だけでは，教育は成立しづらいのです。

○例えば，県内には「防災からまちづくりを考える」「高齢者が住みよいまちづくり」などのように明確な切り口を持って日々熱心に活動に取り組んでいる組織や団体等がたくさんあります。そして多くの人材もいます。

○まちづくりに向けた社会教育活動には，簡素化された学習目的及び現実的な学習内容，そして成果還元活動につながる場や機会が整っていることが必要です。

○だから，地域住民が「学び，行動すべき」課題を踏まえた現実的で実践性の高い「○○から考えるまちづくり」に関する学習プログラムづくりが大切になります。

○トップダウンの学習は受け身になるだけで，地域課題に立ち向かう住民主体の実践が生まれにくくなります。困り感，生きづらさ等について，可能な限り意見を聴きながら，住民参画によるボトムアップの「人や組織をつなぐ」学習プログラムの策

定が求められます。

○例えば「防災」を例に考えてみましょう。

　・一口に「防災」と言っても，地震，津波あるいは台風，風水害に伴う土砂崩れ等，その内容は多様です。

　・海辺等の低地，山間部等の高台地域等，居住地の状況によって，取り組むべき防災内容や対応対策は異なってきます。

　・高齢者が多い地域と，比較的若者が多い地域では，防災対策の具体にも違いが生まれてきます。もっと言えば個別の家庭によっても災害対応は異なります。

　・「防災」は広域的な行政課題であっても，小さな拠点で，取り組むべき具体的で現実的な住民課題なのです。

　・したがって，自治会等の小さな拠点や住民一人ひとりへの還元性の高い学びづくりが必要になります。

○防災は，行政課題，住民課題ですから，首長部局の防災所管課，消防署（団），地域の防災組織等，地域の多様な活動組織の参画による発展性の高い学びのプラットフォームの構築が求められます。

○これから「地域課題（資料15）」「対象（資料16）」「地域（資料17）」を基点とした連携・協働のモデルを示していきたいと思います。

○本学習モデルによって，防災，防疫，子ども・高齢者の見守り等に関わる多様な地域団体・行政組織等との連携・協働が可能になります。（共催団体）

○連携・協働団体・行政組織等とのつながりの中で活動する多様な参加者を見込むことができます。（多様な組織からの参加，支援者・被支援者の参加等）

○首長部局，気象庁，消防署，地域の防災組織等の関係機関団体との連携や学習後の活動を想定した，専門的知見に基づくプログラムの策定が可能になります。（協働プログラムの策定）

○参加した組織代表者の学び（一次的学習・活動）の成果を，それぞれの地域の実態や組織特性を踏まえた二次的学習・活動へと発展させる可能性が高くなります。（一部から全体へ），（座学から実践へ）

○本学習モデルの実践によって参加団体相互のネットワーク構築が可能になります。

○公立公民館等の主催団体が，参加団体単位（小さな拠点）で行われる学習活動について，プログラム，講師等について支援・橋渡しが可能になります。

○講師等が，「公」に属する職員が多いことから「予算の範囲内で」，小さな拠点における学習活動の実施が可能になります。

○資料15は，円の中心に「地域課題」を置きながら，学びのプラットフォームが構

資料 15　地域課題でつながる学習モデル

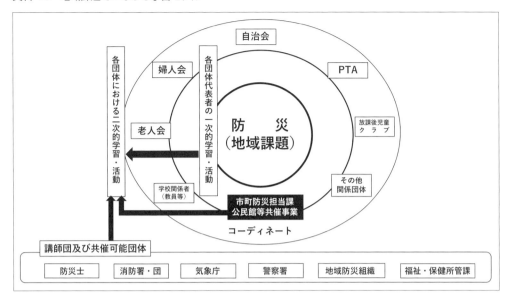

成されています。円の中心に「介護」や「子育て」を置いても同様の取組が可能な
転移性の高い学びのプラットフォームモデルです。

○個々の地域における課題の優先度や住民の負担等を考慮しながら，現実的な学習プ
ログラムづくり等を可能にする実践モデルです。

○本学習モデルの実践にあたっては，共催団体や参加団体，講師派遣団体等との調整
等が必要になります。防災，防疫等の，住民にとって切実な地域課題解決学習の実
践によって，社会教育行政担当者，公民館担当者あるいは社会教育関係団体等の地
域リーダー等のコーディネート能力等の育成の場・機会になります。（学びのオー
ガナイザーの育成）

○社会教育についての専門的知見を有する職員がいなくても，予算が減ってきても，
担当者が地域住民と危機感や願いを共有し，防災や子育て等の課題ごとに地域の教
育力を集約・コーディネートすることにより，どこの地域でも，誰が担当になって
も取り組むことができる実践モデルです。

② 対象でつながる

資料 16　対象者でつながる学習モデル

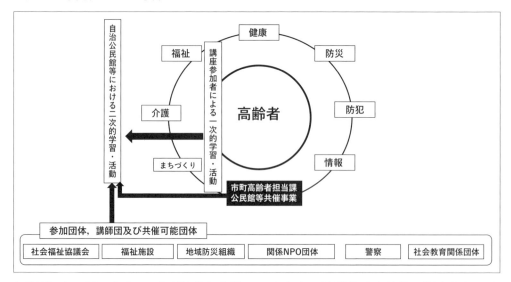

○資料 16 の円の中心に，「高齢者」を置いてみます。学習者は高齢者に限定されるものではありません。高齢者と高齢者支援に係る関係者や組織の参加を求める学習活動です。「高齢者」や「子ども」「障がいのある人」などが抱える多様な課題を，地域のパートナーシップ（共助力）で改善・解決を目指す起点となる学習活動です。

○この円の中心に，「高齢者」と置くことにより，高齢化社会の中で直面する多様かつ深刻な課題が数多く存在していること，及び困難を抱えている高齢者の生活に気づかされることになるでしょう。

○例えば，円の中心に「子ども」を置いてみると，PTA 等の社会教育関係団体，学校教育行政，社会教育行政，福祉行政，NPO 法人等，子どもたちのために活動している実に多くの機関・団体があることにも気づかされるはずです。

○基本的には，「地域課題でつながる学習モデル」と同様，当事者である高齢者，参加者が所属する老人クラブや自治公民館活動，あるいは支援者組織の二次的学習・活動への発展が期待できるモデルです。

○しかし残念なことに，子どもや高齢者等に関わる組織等が，目標を共有しないまま，それぞれの組織が，それぞれに活動している現状があります。だからこそ「対象（目的・学習内容）」によって，人や組織をつなぎ，目標を共有し，学習活動の策定とその活性を図る必要があります。たくさんの縦串（活動）に横串（目標共有と協働）を刺す，分野協働の契機にすることが可能です。

○「子どもといじめ」「子どもと虐待」「子どもと貧困」「子どもと家庭教育」等課題を具体化していくプロセスの中で，子どもをめぐる諸課題の解決・改善に向けて，

参画を求めるべき地域組織や講師陣はおのずと定まってきます。

○「子ども」の代わりに，「女性」「高齢者」「障害のある人」「外国人」等，地域の実情に応じた課題を円の中心に置くこともできます。多様で切実な地域課題に対して，社会教育を軸にした地域人材や組織のパートナーシップを基盤にした学習活動や地域還元活動の充実が期待できます。

○例えば，「子ども」等の同一対象に関わる行政組織や数多くの地域団体が参画する研修や活動の場を一つの機会にして，関係者が今後の学びや活動について議論することは大切なことです。活動が重複している現実について共通理解を図り，将来見通しの議論を通じて，解散・統合も含めた組織や活動の在り方を検討する契機とすることも期待できます。特に過疎化，高齢化が深刻な地域については早急に対応すべき課題です。

○現状，活動維持が困難になっている組織がたくさんあります。そして，今後も増えていくことでしょう。組織や活動の見直しを考えることを先送りすれば，人口減少，高齢化が進行する中で，組織は自然消滅していくしかないでしょう。消滅するのは組織だけではありません。組織が果たしてきた働き（機能）も失うことになってしまいます。本学習モデルを展開する中で「機能」を残す議論を重ねる契機にすることが可能です。

③　地域でつながる

資料17　地域でつながる学習モデル

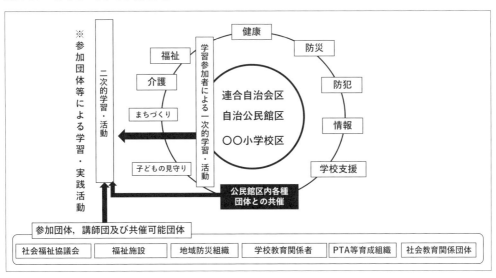

○小学校区や自治公民館区あるいは連合自治公民館区は，地域住民にとって最も身近

な学習・活動拠点です。

○顔の見える関わりの中で，地域が抱える現実的な課題，切実な問題について学習できるステージです。

○個々の現状やキャリアを生かし，住民総がかりによる地域課題解決に向けた実践の展開が可能になります。

○自治会代表者を対象とした学習活動の成果（講師，プログラム等）を地域に還元する活動実現のプロセスで学習オーガナイザーとしての能力を育成することができます。

○「課題でつながる」や「対象でつながる」学習モデルを踏まえ，関係機関や団体，関係行政，特に資料17で示すように，公立公民館との協働等によって，現実的で具体的な地域課題についての学習活動が可能になります。

○人口減少及び高齢化の進行状況（の変化）や小学校の有無によっては，地域体力（自治機能）に合った，より小さな拠点での学習・活動の範囲や行政による具体的な支援（公助）内容について検討する契機にすることも可能です。

○言わずもがなのことではありますが，「地域課題でつながる」「対象でつながる」「地域でつながる」が学びの切り口であり，それぞれが個別単独に機能するものではありません。

○一定の範囲（地域）の中で，解決を迫られる切実な課題について，関係者（対象）が集い，学び，活動することは普通に行われていることです。

○3つの切り口による学習展開により，「地域をつなげる」「人や組織をつなげる」「地域課題をつなげる」意図的計画的な学習活動の企画運営が期待されます。

④　新たな地域組織について

○今後予想される地域状況を思うとき，まちづくり方策が，多世代多分野による多機能型の小さな拠点づくり，協働組織づくりに向かうのは必然です。

○人口減少が加速する状況下，資料18で示しているような，地域を起点に，地縁の力を集約・再編し，まちづくりに資するプラットフォームを構築し，協働活動の活性化を図ることは，早急に取り組むべき課題です。

○地縁組織の弱体化に伴い，現在，小中学校区や連合自治会区を基本単位としながら，域内の組織・団体の組織力を集約する新たな地域運営組織づくり，小さな拠点づくりが行政主導で進んでいます。

○自治協議会，まちづくり協議会等，名称は異なりますが，まちづくり目標を共有するとともに，組織特性を生かした協働活動の強化を目指す新たな地域組織（プラッ

トフォーム）です。

○コミュニティ・スクール（学校運営協議会）や地域学校協働本部等も域内の教育力を集約するための地域運営組織の一つと考えていいでしょう。

○長崎県内には，まちづくり協議会組織の中に，地域学校協働本部を組み込んで活動を展開している地域もあります。

○しかし，プラットフォームの構築や協働活動の円滑な推進のためには，クリアしなければならない現実的で，具体的な課題が存在しています。

○まず第一が，自治協議会等の「新たな組織」を発足する契機や理由について住民の理解が得られるか否かです。住民の理解が得られない組織は形骸化するだけです。これまでもそのような事例が数多くあったはずです。

○町内会や自治会等の既存の地縁組織は，そもそも自治振興組織です。これまで地域を支えてきたという自負や誇りを持っており，いまだに住民に対する一定の影響力を担保しています。類似性の高い「新たな組織」の発足については，長年にわたり地域振興に汗をかいてきた住民組織の理解と協力を得ることが大きなポイントになります。

○次が，行政が主導する多様な「まちづくり」施策や既存の事業等を一元化しないままの「新たな組織・活動」づくりは，加入を求める組織や住民リーダーである組織役員の負担感・多忙感の増大につながってしまいます。

○コミュニティの劣化は，住民による地域再生意欲を削ぎます。現状に対する危機感はあっても「誰かがするだろう」「役所に言えばいい」等の当事者意識に欠ける依存体質や指示待ち傾向が，地域に広がりがちです。住民の心の機微や負担感を踏まえながら組織・活動づくりにあたることが肝要です。

○三番目が「新たな組織」の対象地域の問題です。少子化に伴う廃校により，校区が広域化している地域が増えてきています。連合自治会区も地域事情が異なる多くの自治会によって構成されています。具体的な地域課題の解決実践に取り組む「小さな拠点」として，小学校区や連合自治会区が適切かどうかについても十分な検討が必要です。

○対象地域の広域化は，「解決が迫られている切実かつ多様な問題」についての，自治会住民の危機感や対応に温度差を生むことになりかねません。「新たな組織」全体としての協働を基盤とした課題解決力を担保するための，地域内の個別実情を踏まえたきめの細かい対応が求められます。

○「新たな組織」ではなく，「地域機能の集約」組織であることの理解を得るためには，行政によるトップダウン方式ではなく，まちづくりの主体者である地域住民との熟

議を経ることが必要になるでしょう。「既存の組織維持が困難になってきている地域」と「住民による自治機能が息づいている地域」ではアプローチの仕方は，当然異なってくるはずです。

○その他にも，コーディネート能力に富んだ地域リーダーの発掘・養成や協働プログラムの策定等，時間をかけながら，取り組むべき課題が山積しているのです。

○過疎化が急速に進行する地域においては，集落維持のための活動の持続性を高めるためにも，地域の実情を踏まえた，機能性の高い拠点づくりに早急に取り組む必要があります。

○社会教育は長年にわたって，地域組織や人材とつながりながら，学習活動を通じて地域の活性化に寄与してきました。「人を育み，人をつなぎ，まちを元気にする」社会教育機能を，まちづくりビジョンに明確に位置づけ，組織や協働プログラムづくり，そして人材育成活動を進めていくことが重要です。

○機能集約型の小さな拠点活動においても，これまで積み上げてきた社会教育機能を積極的に生かしていくことが極めて重要です。

○持続可能な地域づくりを推進していくための「小さな拠点組織」「目標共有組織」「協働組織」「地域総がかり組織」「OJT（実務を経験しながら仕事を覚えていく手法）による人材育成組織」等であることを，先行事例等をもとに具体的に説明する努力が求められます。

資料18　組織の再編成

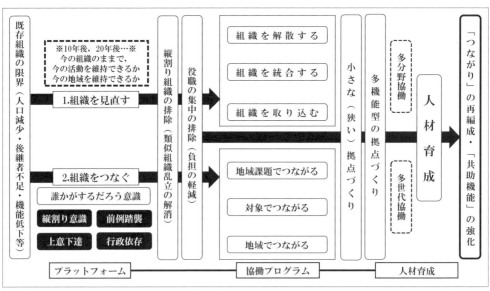

○行政施策の一環として進められてきたまちづくり協議会の取組及び独自の地域振興組織を立ち上げ，活動を重ねている長崎県内の事例については7で紹介することにします。

6 まちづくりをすすめるために ─

○人口減少や高齢化が，地域体力を徐々に奪ってきたことは確かでしょう。しかし，長崎県内はもとより全国各地で「地域を，ふるさとをあきらめない」活動に，熱心に取り組んでいる地域や団体はたくさんあります。ただ10年後，20年後を見通したときに，現状のままで組織的活動を継続することは困難になることは明らかです。

○そこで，強調されてきたのが目標共有，協働に象徴される「つながりの強化」「共助機能の充実」を基調とした地域コミュニティの再構築です。

○ただ，まちづくり構想の理屈は理解できたとしても，人口減少，高齢化等による地域の力が減退していく現状の中，具体的な活動を展開していくことはたいへんなことです。

○まずできることは，関係者が集い，語り合うことです。地域コミュニティの原点は「面と向かって」語り合うことです。地域の具体的な課題について熟議を重ねること，そこから始めるしかないと思います。

（1） ふるさとの現状と未来予想図について

① 近未来のふるさとの姿や住民の暮らし等について

○中央教育審議会や長崎県社会教育委員会の答申が示したように，人口減少や少子高齢化が急速に進行する地域社会の中で，多機能型の小さな拠点を基盤とした，住民総がかりの「協働」の仕組みづくりの重要性については，基礎自治体や社会教育関係団体や地域住民等の関係者は体感しているはずです。

○しかし，それがなかなか進展しない現実があります。理念ではなく，社会教育を基盤にした新たなまちづくり活動の実質化が進展しない背景や理由を，住民の側から見直し，課題化し，一つ一つ紐解いていく必要があるように思います。例えば，

ア 危機感の欠如

ア）個人主義的無関心層の拡大に伴い，人間関係を基盤にしたまちづくり活動の展望が開けないこと。

イ）人口減少等がもたらす生活，教育等への影響についての実感が欠如していること。（過疎化が進行している地域は危機感に基づく，目標の共有や協働活動が成立しやすい）

ウ）「これまで」できていたことが，「これから」できなくなることへの実感を伴っ

た危機感が共有化されていないこと。

イ　必要感欠如，負担増への懸念

ア）既存組織の機能を集約する意義は理解できても，既存組織及びその活動が現に継続されていて，住民，特に地域リーダー役員の負担感が大きくなること。住民にとっては「組織集約意義」の実感がないこと。

イ）自治会や社会教育関係団体等には，長年にわたって地域を支えてきたという自負や誇りがあり，新たなまちづくり組織設立の必要感が薄いこと。むしろ抵抗感があること。

ウ）地域リーダーが組織や活動の集約の困難性を感じていること。

ウ　まちづくりの方向性への理解（説明）不足

ア）小さな拠点づくり等，構想は見えても，実現までの手続き，活動の具体等が見えないことが住民の閉そく感につながっていること。

イ）地域の特性や固有の事情を踏まえた組織・活動づくりになっていないことが住民の閉そく感・抵抗感を生んでいること。

ウ）行政のフォローの具体が見えない，見えづらいため住民が行政による地域丸投げ意識を持ってしまっていること。

エ）住民個々の生命と穏やかな暮らしを守るための取組であることが届いていないために，個の暮らし等よりまちづくりが優先しているような印象を与えてしまっていること。

○地域で学び，地域を動かす仕組みが「変わる」ことには誰しも戸惑いを感じるはずです。長い間，伝統的な地域組織の一員として生きてきた高齢者の戸惑いはさらに大きいはずです。極端な言い方をすれば，今のままでも構わない，変わるのが面倒と思っている人もたくさんいるはずです。

○過疎化・高齢化が進む地域の人から「10年前に言ってほしかった，今はもう無理」という言葉を何度も聞いてきました。すでに施策のタイミングを逸している地域が県内には増えてきています。地域体力が著しく低下している地域に共助機能の充実を期待することの困難性が高くなっているとも言えます。

○また，小中学校区や連合自治会区を単位とした拠点づくりを訴えても，校区内における地域特性や個別事情等には異なりがあります。一律一斉の同質性の高い取組を進めても，地域によって温度差が生まれてしまいます。何より集約型の組織や活動を展開することの「良さ」が，地域住民に十分に伝わっていない，かえって誤解や，誤解に基づく負担感を与えてしまっているのです。

○住民個々の，社会教育における学びの成果や個々人の職業的キャリア，人生の中で

得られた経験知を，まちづくりに積極的に生かすことによって得られる「生きがい（自己有用感，所属感）」を目標とする取組であることの理解が十分でないことも課題です。

○大切なことは，地域の現状や住民の心の機微，あるいは困り感を踏まえた「一人でも多くの人の，ひとつでも多くの組織」の参画を求めながら，「少しずつ，一つずつ」の取組を進めるための「学びの場と成果還元の機会」をつくり，実践の評価を実感できる仕組みをつくることだと思います。

○「何のために（目標）」「誰が（主体者）」「何を（内容）」「どのように（方法）」等について，具体的な課題についての熟議を基本として，ボトムアップの取組が進められる環境づくりが大切でしょう。

○住民が互いに支え合いながら，「できることを」「できる人が」「できる時に」学び，活動できる，社会教育を軸にした地域総がかり体制の中，役割の分担等を進めることによる，負担の軽減・緩和にも意義がある取組であることの理解も求めていくことが肝要です。

○選択と集中，住民主体の議論と実践，組織・活動の持続可能性，地域総がかり等をキーワードにした未来志向の取組が求められています。もちろん，これらの取組の充実・活性化のためには，社会教育行政，まちづくり行政，地域住民の学びや活動の場である公民館，自治公民館等を中心にしたコーディネート機能が重要であることは言うまでもありません。

○本書では一貫して，これからの社会教育展開のキーワードとして「協働」の重要性を指摘してきました。その上で，協働を実現するための社会教育担当者や自治会長をはじめとする住民リーダーの「コーディネート力」育成の必要性も重ねて指摘してきました。

○コーディネートとは，人と人，人と組織，人と情報，人と教材（個人の要望，社会の要請），課題等を適切に結びつける調整機能です。

○置かれた状況の中で，人や組織には個々の異なった事情や学習ニーズや活動条件がありますから，それらを考慮した上でシステム化（最良と考えられるつながり）を図ることがコーディネート上の大切な課題です。

○社会教育，学校教育を問わず，コーディネーターには，
　・住民や組織等の要望に応えるよう適切な学習・活動情報を提供し，マッチングする役割があります。
　・社会教育関連事業を企画・立案する際に，地域人材，地域組織，情報，地域の学習資源等と住民等の要望等をつなげながらデザイン化する役割もあります。

○コーディネーターは，その役割の実質化のために，

　・学習参加者の意欲の高揚を図るために，活動の目的・意義を明確にすることが大切です。

　・学習から活動への目的達成までの展開の具体を示すことも必要です。

　・学習者の主体的な参加を促すための学習方法の工夫も求められます。

　・目的達成に向けた講師の選定，教材教具の作製，財源等の調整も大切です。

　・学習成果（評価）を目に見える形で提示する工夫も必要です。

○学ぶ意義と解決（学習成果の還元）までの道筋を明確にすることにより，参加者の主体的な学習意欲を高めるために必要な諸調整を行うことがコーディネーターの役割ということになります。

○以下に，上記の現状と課題を踏まえたコーディネート事例（プログラム）を紹介してみたいと思います。

　①「これまで」と「これから」を思い，語り合う。

　　（ア）　近未来のふるさと，近未来の住民の暮らしを語り合う

　　（イ）　地縁組織の「これまで」と「これから」を議論する

　　（ウ）　ふるさとへの願いと暮らし等への不安を共有する

　②「いのちと暮らし」守る切実な課題を中心に

　　（ア）　自然災害，感染症，認知症等についての不安と願いを共有する

　　（イ）　防災，防疫，防犯等の課題解決上の地域の問題点について議論する

　③自分たちの地域のことは，自分たちの力で取り組むことができるようにするために

　　（ア）　住民一人ひとりの負担を小さくする発想で（役割を分担する発想で…）

　　（イ）　一つの組織が，さまざまな活動に取り組むことができるように

　　（ウ）　「組織」を残す発想から「機能（働き）」を残す発想で

　　（エ）　在るものを活かす発想で（知の循環システムをつくる発想で）

　　（オ）　小学校区，連合自治会区，自治公民館区等，住民が学び活動できる小さな拠点（範囲・組織）について話し合う

　　（カ）　さまざまな世代，さまざまな立場の人が集まり，さまざまなことに取り組むことができる地域の仕組みについて考え，話し合う

　④「つながる」ための課題の掘り起こしと住民の具体的な議論と行動を通して（ア）～（カ）までの実施上の具体的な課題について，住民で議論する。

○上記プログラムは，まちづくりの主体者である地域住民の熟議を通して，地域課題の方途方策を模索するための試みです。一定の時間を要する試みですが，これまで

の市町の社会教育やまちづくり施策の展開の状況によって，密に取り扱ったり，軽い取り扱いで済ませたりすることが可能な柔軟かつ弾力的なプログラムです。

○本プログラムの実施にあたっては，先に述べた「地域課題でつながる」「対象でつながる」「地域でつながる」の切り口を下敷きにしながら，地域住民にとって切実かつ具体的に熟議を重ねていくことが求められます。

○もちろんプログラムの実施にあたっては，講師の選定，講話のタイミング，内容の選定・修正，議論の展開の工夫とまとめ（ファシリテーターの役割），学習後の展開等については，地域の実情を踏まえたコーディネーターの役割が極めて重要であることは言うまでもありません。

○プログラム案の成立要件として，敢えて一項目付加します。まちづくりは行政課題ですから「行政組織間の連携・協働」は必須要件だということです。

・社会教育所管課を軸にした行政内組織による「まちづくり」協働プラットフォームの構築（目標の共有及び協働体制等）

・地域住民の切実な困り感や願いに対応する協働プログラムの策定

・小学校区，自治公民館区等に対する個別・具体的な支援施策の策定と実施

・アウトリーチ型の地域組織再編機能の充実

・行政職員のコーディネート能力，ファシリテーション能力，プレゼンテーション能力等の育成

・公立公民館，学校の地域支援，地域団体との協働活動の調整　　　など

○行政の役割はたいへん重たいものがあります。「隗より始めよ」という言葉がありますが，衰えていく地域の共助機能の回復に向け，行政総がかりの取組，いわば公助機能の最大化を図ることが，今強く求められているのです。

○持続可能なまちづくりのために，社会教育機能の回復は必須です。簡単なことではないですが，今，取り組まなければ5年後，10年後では「もう不可能」という地域が増えていくことは想像に難くないはずです。

○地域体力が著しく減退している現状の中で，一度に多くのことを住民に求めていく困難性も高まっています。多岐にわたる行政課題を住民生活レベルで実現していくことも今後ますます難しくなっていくでしょう。

○「今」「一つずつ」をキーワードに，持続可能なふるさとづくりは「持続可能な協働組織，協働活動から」の思いを共有しながら，新たな社会教育活動の展開・充実を図っていくことが日本全国，特に長崎県の重要課題だと考えます。

7 長崎県の社会教育活動の実際 ──

○最後に，地域の多様な実情の中，さまざまな活動主体による地域活性，ふるさと再興に向けた長崎県内の社会教育実践を紹介します。

○人口減少・少子高齢化が顕著な長崎県にあっても，行政レベル，市民レベル，集落レベル，教育レベル等で，「ふるさとを諦めない」多様な取組が展開されています。

○ここでは，特に人口減少，少子高齢化が進行する中，地域課題の解決に向けた「多機能型の小さな拠点づくり」「多世代・多分野協働活動」「コーディネート活動」「社会教育活動の可視化」等に視点をあてた取組を中心に紹介していきます。

○それぞれの地域特性，組織特性等を踏まえた現実的で具体的な実践は，多くの地域・組織活動の参考になることと思います。

(1) 平戸市　度島地区まちづくり運営協議会

ア　活動のキーワード
○まちづくり目標の共有
○多機能型の小さな拠点づくり
○多世代多分野協働活動

イ　活動の経緯等
○度島は人口約700人，高齢化率35％の離島です。まちづくり運営協議会は，平戸市総合計画を踏まえ，小学校区単位に構成された協働組織です。

度島地区まちづくり運営協議会の様子

○度島地区まちづくり運営協議会は，地域課題について住民による熟議を重ね，組織目標を共有するとともに，高齢化等に伴う現実的課題の解決を目指す必要から平成25年に設立され，翌年特定非営利活動法人の認証を受けています。

ウ　実践に触れて
○通院，買い物等に係る高齢者の困り感や自治機能の弱体化への危機感，結婚・子育て等に係る不安等，島が抱える現実的かつ緊急に対応する拠点機能を有する「住みたい度島」を目指す組織です。

○環境，福祉・健康，防犯・防災，青少年の健全育成，産業振興等の活動を協議会に一元化し，役割（部会構成）を分担しながら活動する多機能型の組織的活動を展開

しています。

○「度島まちづくり塾」等を実施し，中学生を中心に島の将来を担う子どもたちに，まちづくりへの参画を求める多世代協働型の事業でもあります。

(2) 南島原市　津波見名振興協議会

ア　活動のキーワード
○まちづくり目標の共有
○既存組織の集約
○多機能型の小さな拠点づくり

イ　活動の経緯等
○津波見地区は美しい段々畑が広がる中山間地域の農村地帯です。人口減少が顕著で高齢

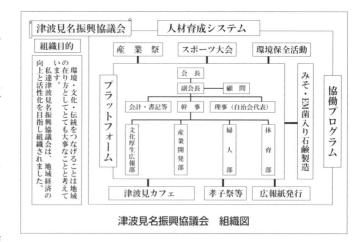

津波見名振興協議会　組織図

化が進み，農業後継者不足という地域課題を抱えています。小学校はすでに廃校になっています。

○「自分たちの住む地域の魅力を再認識し，誇りを持つことによって農地と集落の維持・保全」を目的に，振興協議会が設立されました。

ウ　実践に触れて
○まち・ひと・しごと総合戦略が示す，中山間地域における多機能型の小さな拠点づくりのモデルとなる事業です。

○人口減少・高齢化・農業後継者不足などの地域課題に対応する地域構成員による共助組織が形成されています。

○地域の伝統的な祭り，産業祭，環境保全，地域住民の親睦と交流などの活動を振興協議会に一元化し，互いに役割を分担しながら運営しています。

○廃校になった小学校を活用した「津波見カフェ」を定期的に開催・運営し，地域外の人たちを呼び込み，地場産品等の物販にも取り組んでいます。

○上記の多様な住民による活動を掲載した広報紙を定期的に発行しています。

(3) 南島原市　ささえさんの会

ア　活動のキーワード
○目的共有
○多分野連携・協働
○生涯学習の視点（成果
　還元活動）

イ　活動の経緯等
○南島原市は全国や長崎
　県よりも高齢化が進行
　している地域です。認
　知症患者も増加傾向に
　あります。

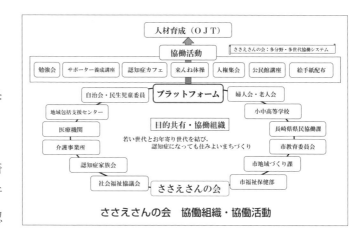

ささえさんの会　協働組織・協働活動

○PTA活動経験をもとに，「地域のために何かをしたい」という思いを抱く人たち
　によって結成されたボランティア組織です。20〜60代の幅広い年代と多業種の人
　たちによって構成された組織です。「若い世代とお年寄り世代を結び，認知症になっ
　ても住みよいまちづくり」を目的に活動しています。

ウ　実践に触れて
○子どもから高齢者までの多世代を対象とした活動が展開されています。
○多世代多分野多業種の人たちの議論を通して，活動の方向性及び内容が決められて
　います。熟議を基盤にした活動づくりが進められています。
○認知症に係る体験講座，認知症サポーター養成講座，高齢者と児童の交流，健康体
　操の普及等多岐にわたる活動が，医療機関，社会福祉協議会，県市行政，学校等と
　のネットワークの中で協働化されています。
○コロナ禍の中，サークルや保育園等に呼びかけて集めた絵手紙を，高齢者に届ける
　活動に取り組んでいます。成果（絵手紙）を地域還元する活動です。

(4) 佐世保市小佐々町　海光る町学園

ア　活動のキーワード
○コミュニティスクール
○地域学校協働体制の構築
○コーディネート活動

イ　活動の経緯等

○中学校区に学校運営協議会を設置し，町内2小学校も含めて一体的にコミュニティスクールを推進する組織づくりが進められています。

○学校と地域の橋渡し役の「地域コーディネーター（民間人）」及び各学校の窓口となるCSディレクター（教職員）が配置される等，学校と地域の連携・調整体制が整えられています。

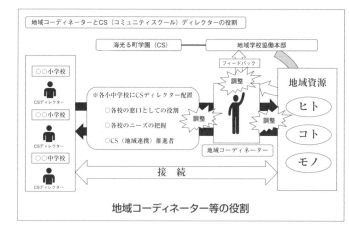

地域コーディネーター等の役割

ウ　実践に触れて

○域内小中学校と地域（地域学校協働本部）が，目指す児童生徒像（共育目標）を共有することを出発点に，協働機能充実を目指す仕組みです。

○小佐々地区自治協議会内組織である「教育支援部会」と「こさざっこ育成部会」を「地域学校協働本部」に位置づけています。新たな組織をつくるのではなく，既存組織を活用し，教育機能の集約を図っています。

○上記地域学校協働本部に地域コーディネーターが配置されています。地域の教育資源に係る情報収集とCSディレクターを通じて提供される各学校の多様な教育ニーズとの調整，マッチング機能が整えられています。

(5) 長崎県　スキルアップ連続講座

ア　活動のキーワード

○研修の行政内協働化

○社会教育の行政内可視化

○多世代・多分野協働事業

イ　活動の経緯等

○長崎県社会教育委員会は，関係課に社会教育委員会への参加を求める等，委員活動の行政内可視化に積極的に取り組んでいます。現在，教育委員会4課，知事部局8課が

2020年2月　スキルアップ連続講座

参加しています。社会教育への理解が進み，事業の連携・協働体制が構築されています。

○スキルアップ連続講座は，平成28年の県社会教育委員会答申を受け，人口減少時代の社会教育推進の担い手人材の育成を目的に開始されました。

ウ　実践に触れて

○中央教育審議会答申，県社会教育委員会答申の趣旨が生きた事業です。

○多世代多分野協働等，市町における社会教育実践モデルを提起しています。

○高校生・成年・高齢者による学びの成果還元活動としての地域活動の提示等生涯学習の視点に立った社会教育モデルを提供しています。

○講師の推薦，参加者の募集等，社会教育委員会参加課による共催・協働が実現された事業です。

○学校教育との積極的な連携が実現された事業です。　　　ほか

(6) 長崎県立五島高等学校　バラモンプラン

ア　活動のキーワード

○地域課題解決学習

○多分野との連携・協働

○キャリア教育

イ　活動の経緯等

○人口減少，少子高齢化等に伴う多様かつ深刻な地域課題を抱える「五島」を，高校生目線で元気にする取組として2015年にスタートしました。

長崎県社会教育研究大会での発表

○五島を元気者（バラカモン）にするための，地域の行政・教育行政，企業等と連携・協働した多様な学習活動を実践している長崎県における先駆的な地域課題解決学習です。

ウ　実践に触れて

○さまざまな課題を有するふるさとの探究活動が，学校教育の本来の目的である「思考力・判断力・表現力」「主体性・協働性」「リーダーシップ」等の資質・能力の育成に有効であることを示す取組です。ふるさと五島への愛着と誇りを基盤に展開される地域課題解決学習が，生徒のキャリア形成・キャリア発達を促す活動になっています。

○医療・福祉，水質環境，農業・漁業等の地域課題を共有する行政・企業等の多分野との連携・協働により提言性・還元性の高い活動が形成されています。

○他高校及び域内小中学校への波及が大いに期待できる実践です。

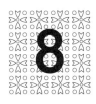

8 社会教育関係者に期待すること ─

(1) 都道府県教育委員会に期待すること

○首長部局を含む関係機関等との連携・協働に，これまで以上に積極的に取り組むとともに，市町村の現実を踏まえた組織化,事業化プロセス等の可視化を期待したい。

○地域課題解決学習とリンクした「学びのオーガナイザー」としての社会教育担当者の知見・技能等の育成に重点を置いた研修活動等の充実を期待します。

(2) 市町教育委員会に期待すること

○教育行政（社会教育所管課）が起点となって，首長部局を含む行政内協働体制（まちづくりプラットフォーム）の構築を強く期待します。

○地域の実態を踏まえた，持続可能性の高い多機能型組織及び多世代多分野活動によるまちづくり推進体制の構築を期待します。

○専門的職員としての社会教育主事，社会教育士の養成及び活用を強く期待しています。

(3) 社会教育主事，公民館主事等に期待すること

○社会教育主事には「学びのオーガナイザー」として，地域が抱える多様な課題を整理するとともに，住民の主体的な学習活動を基盤にした担当域内の社会教育の方向性を明確にすることを期待しています。

○公民館講座等を事業化するにあたっては，行政内各課，学校，民間企業，NPO等，目標共有が可能な多様な組織・人材との連携を図り，協働化を目指すことを期待したい。

○生涯学習の視点に立って，学びの成果を生かす機会や場を具体的に想定した事業の企画・運営・指導を期待しています。

(4) 社会教育委員に期待すること

○地域住民と行政のパイプ役として,住民の声や地域の実情を施策に反映するために,行政に対して積極的に提言することを期待します。

○域内の社会教育リーダーとして，それぞれの活動やキャリアを通じて得られた人脈

や組織等とのつながりを生かし，社会教育課所管課等への提言・支援を期待しています。

（5）社会教育関係団体に期待すること

○社会教育関係団体については長年にわたる社会教育活動を通じて，地域活性化に寄与してきました。組織現状に対する危機感や構成員個々の問題意識及び各団体がこれまで地域の中で果たしてきた役割や働き（機能）について検証するとともに，これからの方向性について熟議を重ねることを期待したい。
○子ども（子育て），女性，高齢者等に関わる問題の解決は今日的課題であり，重要な地域課題です。行政をはじめ，NPO等の市民グループ等さまざまな団体がその改善・解消に向けた取組を展開しています。社会教育関係団体にあっても，目的が共有できる組織・個人との積極的な連携・協働を模索・実現することを期待しています。

（6）学校に期待すること

○地域人材等と協働した教育課程の編成に努め，地域の歴史・自然・文化・芸能・産業，あるいは多様な地域課題解決に向けた学習を進めることによって，持続可能な地域社会の創り手・担い手の育成への尽力を期待しています。
○子どもの健全育成，地域の活性化を実現するために，関係機関・団体と協調しながら，学校運営協議会，地域学校協働本部等のプラットフォームの構築と機能の実質化（協働プログラム・教育課程等）を進めることを期待しています。

（7）自治会に期待すること

○自治会は，長年にわたって我が国の地域自治を支えてきた重要な組織及び共助機能です。その一方，人口減少，少子高齢化の強い影響を受ける組織でもあります。
○深刻化する地域課題や近未来に対する住民の不安等について熟議を重ねるとともに，自治会構成員相互が地域づくり目標と協働活動を共有することが大切です。
○山積する地域課題に向き合うために，自治機能に加え学習機能を充実することが求められます。そのためには，公立公民館，自治会所管行政及び具体的課題内容に対応する行政組織やNPO等との連携が待たれます。

（8）NPO，企業，大学，青少年教育施設等に期待すること

○プラットフォームの構築，協働プログラムの作成及びその実施等について，組織・活動特性を生かした行政支援，地域支援，団体支援等への積極的関与を期待します。

9 おわりにかえて ——————

○　SDGsの理念である「誰ひとり取り残さない持続可能な社会」は今後の社会教育の在り方，方向性を考える上でのキーワードになります。持続可能な社会づくりは，深刻さを増す地域課題の解決を図る持続可能な組織づくり，持続可能な協働活動づくりを考え，実践していくことから始めるしかありません。

○現状を放置すれば，「多くの人，特に高齢者，子ども，障害のある人等が取り残される持続困難な地域社会」の形成につながります。全国各地で，そしてこの長崎県でも，そのことが現実化している地域が増えてきています。

○持続困難な社会が形成される中，ふるさとへの愛着が薄れ，ふるさとへの誇りが空洞化してきていることを懸念しています。ふるさとへの愛着と誇りが地域課題解決の原動力と考えるからです。

○人口減少等が急速に進行する中，行政レベル，民間レベルでのさまざまな取組が活性化しています。しかし，施策の乱立は，組織の乱立，活動の乱立につながりかねない危惧も感じています。繰り返し示してきましたが，「つながりのない乱立」は，「人が減り，高齢者が増える社会」に大きな負担を与えることになりかねません。

○「人が減り，高齢者が増え，つながりが希薄になった」社会の中で，地域課題解決学習・実践を通して，地域の活性を実質化していくことは容易なことではありません。

○だからこそ，「これまで」を振り返り，「今」を思い，「これから」を見通す中で，「ふるさと」への思いを醸成するとともに，危機感を基盤にした目標を共有し，一過性に終わることのない地道で持続可能な地域活動を創っていくことが，社会教育に突き付けられた重要な課題です。

○持続可能な地域づくりの究極の課題は，担い手，創り手として人材育成に尽きます。人材育成は，学校教育，社会教育を問わず「教育」の課題であることを改めて確認しておきたいと思います。

○まちづくり人材は座学では育ちません。いわゆるOJT（On the Job Training），「活動」こそが人材育成の基盤です。

○ふるさとを諦めない，一つずつの，一歩ずつの，少しずつの，しかし住民みんなの力をつなぎ，束ねた活動を実質化する基盤が社会教育に在ることを，最後に改めて確認しておきたいと思います。

資　料　編

関 係 法 令
- ・教育基本法
- ・社会教育法（抜粋）
- ・公民館の設置及び運営に関する基準

教育基本法

$$\left(\begin{array}{l}\text{平成十八年十二月二十二日}\\\text{法律第百二十号}\end{array}\right)$$

我々日本国民は，たゆまぬ努力によって築いてきた民主的で文化的な国家を更に発展させるとともに，世界の平和と人類の福祉の向上に貢献することを願うものである。我々は，この理想を実現するため，個人の尊厳を重んじ，真理と正義を希求し，公共の精神を尊び，豊かな人間性と創造性を備えた人間の育成を期するとともに，伝統を継承し，新しい文化の創造を目指す教育を推進する。

ここに，我々は，日本国憲法の精神にのっとり，我が国の未来を切り拓く教育の基本を確立し，その振興を図るため，この法律を制定する。

第一章　教育の目的及び理念

（教育の目的）

第一条　教育は，人格の完成を目指し，平和で民主的な国家及び社会の形成者として必要な資質を備えた心身ともに健康な国民の育成を期して行われなければならない。

（教育の目標）

第二条　教育は，その目的を実現するため，学問の自由を尊重しつつ，次に掲げる目標を達成するよう行われるものとする。

一　幅広い知識と教養を身に付け，真理を求める態度を養い，豊かな情操と道徳心を培うとともに，健やかな身体を養うこと。

二　個人の価値を尊重して，その能力を伸ばし，創造性を培い，自主及び自律の精神を養うとともに，職業及び生活との関連を重視し，勤労を重んずる態度を養うこと。

三　正義と責任，男女の平等，自他の敬愛と協力を重んずるとともに，公共の精神に基づき，主体的に社会の形成に参画し，その発展に寄与する態度を養うこと。

四　生命を尊び，自然を大切にし，環境の保全に寄与する態度を養うこと。

五　伝統と文化を尊重し，それらをはぐくんできた我が国と郷土を愛するとともに，他国を尊重し，国際社会の平和と発展に寄与する態度を養うこと。

（生涯学習の理念）

第三条　国民一人一人が，自己の人格を磨き，豊かな人生を送ることができるよう，その生涯にわたって，あらゆる機会に，あらゆる場所において学習することができ，その成果を適切に生かすことのできる社会の実現が図られなければならない。

（教育の機会均等）

第四条　すべて国民は，ひとしく，その能

力に応じた教育を受ける機会を与えられなければならず，人種，信条，性別，社会的身分，経済的地位又は門地によって，教育上差別されない。

2　国及び地方公共団体は，障害のある者が，その障害の状態に応じ，十分な教育を受けられるよう，教育上必要な支援を講じなければならない。

3　国及び地方公共団体は，能力があるにもかかわらず，経済的理由によって修学が困難な者に対して，奨学の措置を講じなければならない。

第二章　教育の実施に関する基本

（義務教育）

第五条　国民は，その保護する子に，別に法律で定めるところにより，普通教育を受けさせる義務を負う。

2　義務教育として行われる普通教育は，各個人の有する能力を伸ばしつつ社会において自立的に生きる基礎を培い，また，国家及び社会の形成者として必要とされる基本的な資質を養うことを目的として行われるものとする。

3　国及び地方公共団体は，義務教育の機会を保障し，その水準を確保するため，適切な役割分担及び相互の協力の下，その実施に責任を負う。

4　国又は地方公共団体の設置する学校における義務教育については，授業料を徴収しない。

（学校教育）

第六条　法律に定める学校は，公の性質を有するものであって，国，地方公共団体及び法律に定める法人のみが，これを設置することができる。

2　前項の学校においては，教育の目標が達成されるよう，教育を受ける者の心身の発達に応じて，体系的な教育が組織的に行われなければならない。この場合において，教育を受ける者が，学校生活を営む上で必要な規律を重んずるとともに，自ら進んで学習に取り組む意欲を高めることを重視して行われなければならない。

（大学）

第七条　大学は，学術の中心として，高い教養と専門的能力を培うとともに，深く真理を探究して新たな知見を創造し，これらの成果を広く社会に提供することにより，社会の発展に寄与するものとする。

2　大学については，自主性，自律性その他の大学における教育及び研究の特性が尊重されなければならない。

（私立学校）

第八条　私立学校の有する公の性質及び学校教育において果たす重要な役割にかんがみ，国及び地方公共団体は，その自主性を尊重しつつ，助成その他の適当な方法によって私立学校教育の振興に努めなければならない。

（教員）

第九条　法律に定める学校の教員は，自己の崇高な使命を深く自覚し，絶えず研究と修養に励み，その職責の遂行に努めなければならない。

2　前項の教員については，その使命と職責の重要性にかんがみ，その身分は尊重され，待遇の適正が期せられるとともに，養成と研修の充実が図られなければならない。

（家庭教育）

第十条　父母その他の保護者は，子の教育について第一義的責任を有するものであって，生活のために必要な習慣を身に付けさせるとともに，自立心を育成し，心身の調和のとれた発達を図るよう努めるものとする。

2　国及び地方公共団体は，家庭教育の自主性を尊重しつつ，保護者に対する学習の機会及び情報の提供その他の家庭教育を支援するために必要な施策を講ずるよう努めなければならない。

（幼児期の教育）

第十一条　幼児期の教育は，生涯にわたる人格形成の基礎を培う重要なものであることにかんがみ，国及び地方公共団体は，幼児の健やかな成長に資する良好な環境の整備その他適当な方法によって，その振興に努めなければならない。

（社会教育）

第十二条　個人の要望や社会の要請にこたえ，社会において行われる教育は，国及び地方公共団体によって奨励されなければならない。

2　国及び地方公共団体は，図書館，博物館，公民館その他の社会教育施設の設置，学校の施設の利用，学習の機会及び情報の提供その他の適当な方法によって社会教育の振興に努めなければならない。

（学校，家庭及び地域住民等の相互の連携協力）

第十三条　学校，家庭及び地域住民その他の関係者は，教育におけるそれぞれの役割と責任を自覚するとともに，相互の連携及び協力に努めるものとする。

（政治教育）

第十四条　良識ある公民として必要な政治的教養は，教育上尊重されなければならない。

2　法律に定める学校は，特定の政党を支持し，又はこれに反対するための政治教育その他政治的活動をしてはならない。

（宗教教育）

第十五条　宗教に関する寛容の態度，宗教に関する一般的な教養及び宗教の社会生活における地位は，教育上尊重されなければならない。

2　国及び地方公共団体が設置する学校は，特定の宗教のための宗教教育その他宗教的活動をしてはならない。

第三章　教育行政

（教育行政）

第十六条　教育は，不当な支配に服することなく，この法律及び他の法律の定めるところにより行われるべきものであり，教育行政は，国と地方公共団体との適切な役割分担及び相互の協力の下，公正かつ適正に行われなければならない。

2　国は，全国的な教育の機会均等と教育水準の維持向上を図るため，教育に関する施策を総合的に策定し，実施しなければならない。

3　地方公共団体は，その地域における教育の振興を図るため，その実情に応じた教育に関する施策を策定し，実施しなければならない。

4　国及び地方公共団体は，教育が円滑かつ継続的に実施されるよう，必要な財政上の措置を講じなければならない。

（教育振興基本計画）

第十七条　政府は，教育の振興に関する施策の総合的かつ計画的な推進を図るた

め，教育の振興に関する施策についての基本的な方針及び講ずべき施策その他必要な事項について，基本的な計画を定め，これを国会に報告するとともに，公表しなければならない。

2　地方公共団体は，前項の計画を参酌し，その地域の実情に応じ，当該地方公共団体における教育の振興のための施策に関する基本的な計画を定めるよう努めなければならない。

第四章　法令の制定

第十八条　この法律に規定する諸条項を実施するため，必要な法令が制定されなければならない。

附　則　抄

（施行期日）

1　この法律は，公布の日から施行する。

社会教育法（抜粋）

（昭和二十四年六月十日
法律第二百七号）

改正　令和元年六月七日法律第二十六号

第一章　総則

（この法律の目的）

第一条　この法律は，教育基本法（平成十八年法律第百二十号）の精神に則り，社会教育に関する国及び地方公共団体の任務を明らかにすることを目的とする。

（社会教育の定義）

第二条　この法律において「社会教育」とは，学校教育法（昭和二十二年法律第二十六号）又は就学前の子どもに関する教育，保育等の総合的な提供の推進に関する法律（平成十八年法律第七十七号）に基づき，学校の教育課程として行われる教育活動を除き，主として青少年及び成人に対して行われる組織的な教育活動（体育及びレクリエーションの活動を含む。）をいう。

（国及び地方公共団体の任務）

第三条　国及び地方公共団体は，この法律及び他の法令の定めるところにより，社会教育の奨励に必要な施設の設置及び運営，集会の開催，資料の作製，頒布その他の方法により，すべての国民があらゆる機会，あらゆる場所を利用して，自ら実際生活に即する文化的教養を高め得るような環境を醸成するように努めなければならない。

2　国及び地方公共団体は，前項の任務を行うに当たつては，国民の学習に対する

多様な需要を踏まえ，これに適切に対応するために必要な学習の機会の提供及びその奨励を行うことにより，生涯学習の振興に寄与することとなるよう努めるものとする。

3　国及び地方公共団体は，第一項の任務を行うに当たつては，社会教育が学校教育及び家庭教育との密接な関連性を有することにかんがみ，学校教育との連携の確保に努め，及び家庭教育の向上に資することとなるよう必要な配慮をするとともに，学校，家庭及び地域住民その他の関係者相互間の連携及び協力の促進に資することとなるよう努めるものとする。

（国の地方公共団体に対する援助）

第四条　前条第一項の任務を達成するために，国は，この法律及び他の法令の定めるところにより，地方公共団体に対し，予算の範囲内において，財政的援助並びに物資の提供及びそのあつせんを行う。

（市町村の教育委員会の事務）

第五条　市（特別区を含む。以下同じ。）町村の教育委員会は，社会教育に関し，当該地方の必要に応じ，予算の範囲内において，次の事務を行う。

一　社会教育に必要な援助を行うこと。

二　社会教育委員の委嘱に関すること。

三　公民館の設置及び管理に関すること。

四　所管に属する図書館，博物館，青年の家その他の社会教育施設の設置及び管理に関すること。

五　所管に属する学校の行う社会教育のための講座の開設及びその奨励に関すること。

六　講座の開設及び討論会，講習会，講

演会，展示会その他の集会の開催並びにこれらの奨励に関すること。

七　家庭教育に関する学習の機会を提供するための講座の開設及び集会の開催並びに家庭教育に関する情報の提供並びにこれらの奨励に関すること。

八　職業教育及び産業に関する科学技術指導のための集会の開催並びにその奨励に関すること。

九　生活の科学化の指導のための集会の開催及びその奨励に関すること。

十　情報化の進展に対応して情報の収集及び利用を円滑かつ適正に行うために必要な知識又は技能に関する学習の機会を提供するための講座の開設及び集会の開催並びにこれらの奨励に関すること。

十一　運動会，競技会その他体育指導のための集会の開催及びその奨励に関すること。

十二　音楽，演劇，美術その他芸術の発表会等の開催及びその奨励に関すること。

十三　主として学齢児童及び学齢生徒（それぞれ学校教育法第十八条に規定する学齢児童及び学齢生徒をいう。）に対し，学校の授業の終了後又は休業日において学校，社会教育施設その他適切な施設を利用して行う学習その他の活動の機会を提供する事業の実施並びにその奨励に関すること。

十四　青少年に対しボランティア活動など社会奉仕体験活動，自然体験活動その他の体験活動の機会を提供する事業の実施及びその奨励に関すること。

十五　社会教育における学習の機会を利

用して行つた学習の成果を活用して学校，社会教育施設その他地域において行う教育活動その他の活動の機会を提供する事業の実施及びその奨励に関すること。

十六　社会教育に関する情報の収集，整理及び提供に関すること。

十七　視聴覚教育，体育及びレクリエーションに必要な設備，器材及び資料の提供に関すること。

十八　情報の交換及び調査研究に関すること。

十九　その他第三条第一項の任務を達成するために必要な事務

2　市町村の教育委員会は，前項第十三号から第十五号までに規定する活動であつて地域住民その他の関係者（以下この項及び第九条の七第二項において「地域住民等」という。）が学校と協働して行うもの（以下「地域学校協働活動」という。）の機会を提供する事業を実施するに当たつては，地域住民等の積極的な参加を得て当該地域学校協働活動が学校との適切な連携の下に円滑かつ効果的に実施されるよう，地域住民等と学校との連携協力体制の整備，地域学校協働活動に関する普及啓発その他の必要な措置を講ずるものとする。

3　地方教育行政の組織及び運営に関する法律（昭和三十一年法律第百六十二号）第二十三条第一項の条例の定めるところによりその長が同項第一号に掲げる事務（以下「特定事務」という。）を管理し，及び執行することとされた地方公共団体（以下「特定地方公共団体」という。）である市町村にあつては，第一項の規定に

かかわらず，同項第三号及び第四号の事務のうち特定事務に関するものは，その長が行うものとする。

（都道府県の教育委員会の事務）

第六条　都道府県の教育委員会は，社会教育に関し，当該地方の必要に応じ，予算の範囲内において，前条第一項各号の事務（同項第三号の事務を除く。）を行うほか，次の事務を行う。

一　公民館及び図書館の設置及び管理に関し，必要な指導及び調査を行うこと。

二　社会教育を行う者の研修に必要な施設の設置及び運営，講習会の開催，資料の配布等に関すること。

三　社会教育施設の設置及び運営に必要な物資の提供及びそのあつせんに関すること。

四　市町村の教育委員会との連絡に関すること。

五　その他法令によりその職務権限に属する事項

2　前条第二項の規定は，都道府県の教育委員会が地域学校協働活動の機会を提供する事業を実施する場合に準用する。

3　特定地方公共団体である都道府県にあつては，第一項の規定にかかわらず，前条第一項第四号の事務のうち特定事務に関するものは，その長が行うものとする。

（教育委員会と地方公共団体の長との関係）

第七条　地方公共団体の長は，その所掌に関する必要な広報宣伝で視聴覚教育の手段を利用することその他教育の施設及び手段によることを適当とするものにつき，教育委員会に対し，その実施を依頼し，又は実施の協力を求めることができる。

2　前項の規定は，他の行政庁がその所掌に関する必要な広報宣伝につき，教育委員会（特定地方公共団体にあつては，その長又は教育委員会）に対し，その実施を依頼し，又は実施の協力を求める場合に準用する。

第八条　教育委員会は，社会教育に関する事務を行うために必要があるときは，当該地方公共団体の長及び関係行政庁に対し，必要な資料の提供その他の協力を求めることができる。

第八条の二　特定地方公共団体の長は，特定事務のうち当該特定地方公共団体の教育委員会の所管に属する学校，社会教育施設その他の施設における教育活動と密接な関連を有するものとして当該特定地方公共団体の規則で定めるものを管理し，及び執行するに当たつては，当該教育委員会の意見を聴かなければならない。

2　特定地方公共団体の長は，前項の規則を制定し，又は改廃しようとするときは，あらかじめ，当該特定地方公共団体の教育委員会の意見を聴かなければならない。

第八条の三　特定地方公共団体の教育委員会は，特定事務の管理及び執行について，その職務に関して必要と認めるときは，当該特定地方公共団体の長に対し，意見を述べることができる。

（図書館及び博物館）

第九条　図書館及び博物館は，社会教育のための機関とする。

2　図書館及び博物館に関し必要な事項は，別に法律をもつて定める。

第二章　社会教育主事等

（社会教育主事及び社会教育主事補の設置）

第九条の二　都道府県及び市町村の教育委員会の事務局に，社会教育主事を置く。

2　都道府県及び市町村の教育委員会の事務局に，社会教育主事補を置くことができる。

（社会教育主事及び社会教育主事補の職務）

第九条の三　社会教育主事は，社会教育を行う者に専門的技術的な助言と指導を与える。ただし，命令及び監督をしてはならない。

2　社会教育主事は，学校が社会教育関係団体，地域住民その他の関係者の協力を得て教育活動を行う場合には，その求めに応じて，必要な助言を行うことができる。

3　社会教育主事補は，社会教育主事の職務を助ける。

（社会教育主事の資格）

第九条の四　次の各号のいずれかに該当する者は，社会教育主事となる資格を有する。

一　大学に二年以上在学して六十二単位以上を修得し，又は高等専門学校を卒業し，かつ，次に掲げる期間を通算した期間が三年以上になる者で，次条の規定による社会教育主事の講習を修了したもの

イ　社会教育主事補の職にあつた期間

ロ　官公署，学校，社会教育施設又は社会教育関係団体における職で司書，学芸員その他の社会教育主事補の職と同等以上の職として文部科学大臣の指定するものにあつた期間

ハ　官公署，学校，社会教育施設又は

社会教育関係団体が実施する社会教育に関係のある事業における業務であつて，社会教育主事として必要な知識又は技能の習得に資するものとして文部科学大臣が指定するものに従事した期間（イ又はロに掲げる期間に該当する期間を除く。）

二　教育職員の普通免許状を有し，かつ，五年以上文部科学大臣の指定する教育に関する職にあつた者で，次条の規定による社会教育主事の講習を修了したもの

三　大学に二年以上在学して，六十二単位以上を修得し，かつ，大学において文部科学省令で定める社会教育に関する科目の単位を修得した者で，第一号イからハまでに掲げる期間を通算した期間が一年以上になるもの

四　次条の規定による社会教育主事の講習を修了した者（第一号及び第二号に掲げる者を除く。）で，社会教育に関する専門的事項について前三号に掲げる者に相当する教養と経験があると都道府県の教育委員会が認定したもの

（社会教育主事の講習）

第九条の五　社会教育主事の講習は，文部科学大臣の委嘱を受けた大学その他の教育機関が行う。

2　受講資格その他社会教育主事の講習に関し必要な事項は，文部科学省令で定める。

（社会教育主事及び社会教育主事補の研修）

第九条の六　社会教育主事及び社会教育主事補の研修は，任命権者が行うもののほか，文部科学大臣及び都道府県が行う。

（地域学校協働活動推進員）

第九条の七　教育委員会は，地域学校協働活動の円滑かつ効果的な実施を図るため，社会的信望があり，かつ，地域学校協働活動の推進に熱意と識見を有する者のうちから，地域学校協働活動推進員を委嘱することができる。

2　地域学校協働活動推進員は，地域学校協働活動に関する事項につき，教育委員会の施策に協力して，地域住民等と学校との間の情報の共有を図るとともに，地域学校協働活動を行う地域住民等に対する助言その他の援助を行う。

第三章　社会教育関係団体

（社会教育関係団体の定義）

第十条　この法律で「社会教育関係団体」とは，法人であると否とを問わず，公の支配に属しない団体で社会教育に関する事業を行うことを主たる目的とするものをいう。

（文部科学大臣及び教育委員会との関係）

第十一条　文部科学大臣及び教育委員会は，社会教育関係団体の求めに応じ，これに対し，専門的技術的指導又は助言を与えることができる。

2　文部科学大臣及び教育委員会は，社会教育関係団体の求めに応じ，これに対し，社会教育に関する事業に必要な物資の確保につき援助を行う。

（国及び地方公共団体との関係）

第十二条　国及び地方公共団体は，社会教育関係団体に対し，いかなる方法によつても，不当に統制的支配を及ぼし，又はその事業に干渉を加えてはならない。

（審議会等への諮問）

第十三条　国又は地方公共団体が社会教育

関係団体に対し補助金を交付しようとする場合には，あらかじめ，国にあつては文部科学大臣が審議会等（国家行政組織法（昭和二十三年法律第百二十号）第八条に規定する機関をいう。第五十一条第三項において同じ。）で政令で定めるもの，地方公共団体にあつては教育委員会が社会教育委員の会議（社会教育委員が置かれていない場合には，条例で定めるところにより社会教育に係る補助金の交付に関する事項を調査審議する審議会その他の合議制の機関）の意見を聴いて行わなければならない。

（報告）

第十四条 文部科学大臣及び教育委員会は，社会教育関係団体に対し，指導資料の作製及び調査研究のために必要な報告を求めることができる。

第四章　社会教育委員

（社会教育委員の設置）

第十五条 都道府県及び市町村に社会教育委員を置くことができる。

2　社会教育委員は，教育委員会が委嘱する。

第十六条 削除

（社会教育委員の職務）

第十七条 社会教育委員は，社会教育に関し教育委員会に助言するため，次の職務を行う。

一　社会教育に関する諸計画を立案すること。

二　定時又は臨時に会議を開き，教育委員会の諮問に応じ，これに対して，意見を述べること。

三　前二号の職務を行うために必要な研究調査を行うこと。

2　社会教育委員は，教育委員会の会議に出席して社会教育に関し意見を述べることができる。

3　市町村の社会教育委員は，当該市町村の教育委員会から委嘱を受けた青少年教育に関する特定の事項について，社会教育関係団体，社会教育指導者その他関係者に対し，助言と指導を与えることができる。

（社会教育委員の委嘱の基準等）

第十八条 社会教育委員の委嘱の基準，定数及び任期その他社会教育委員に関し必要な事項は，当該地方公共団体の条例で定める。この場合において，社会教育委員の委嘱の基準については，文部科学省令で定める基準を参酌するものとする。

第十九条 削除

第五章　公民館

（目的）

第二十条 公民館は，市町村その他一定区域内の住民のために，実際生活に即する教育，学術及び文化に関する各種の事業を行い，もつて住民の教養の向上，健康の増進，情操の純化を図り，生活文化の振興，社会福祉の増進に寄与することを目的とする。

（公民館の設置者）

第二十一条 公民館は，市町村が設置する。

2　前項の場合を除くほか，公民館は，公民館の設置を目的とする一般社団法人又は一般財団法人（以下この章において「法人」という。）でなければ設置することができない。

3　公民館の事業の運営上必要があるとき

は，公民館に分館を設けることができる。

（公民館の事業）

第二十二条　公民館は，第二十条の目的達成のために，おおむね，左の事業を行う。但し，この法律及び他の法令によつて禁じられたものは，この限りでない。

　　一　定期講座を開設すること。

　　二　討論会，講習会，講演会，実習会，展示会等を開催すること。

　　三　図書，記録，模型，資料等を備え，その利用を図ること。

　　四　体育，レクリエーション等に関する集会を開催すること。

　　五　各種の団体，機関等の連絡を図ること。

　　六　その施設を住民の集会その他の公共的利用に供すること。

（公民館の運営方針）

第二十三条　公民館は，次の行為を行つてはならない。

　　一　もつぱら営利を目的として事業を行い，特定の営利事務に公民館の名称を利用させその他営利事業を援助すること。

　　二　特定の政党の利害に関する事業を行い，又は公私の選挙に関し，特定の候補者を支持すること。

　2　市町村の設置する公民館は，特定の宗教を支持し，又は特定の教派，宗派若しくは教団を支援してはならない。

（公民館の基準）

第二十三条の二　文部科学大臣は，公民館の健全な発達を図るために，公民館の設置及び運営上必要な基準を定めるものとする。

　2　文部科学大臣及び都道府県の教育委員会は，市町村の設置する公民館が前項の基準に従つて設置され及び運営されるように，当該市町村に対し，指導，助言その他の援助に努めるものとする。

（公民館の設置）

第二十四条　市町村が公民館を設置しようとするときは，条例で，公民館の設置及び管理に関する事項を定めなければならない。

第二十五条　削除

第二十六条　削除

（公民館の職員）

第二十七条　公民館に館長を置き，主事その他必要な職員を置くことができる。

　2　館長は，公民館の行う各種の事業の企画実施その他必要な事務を行い，所属職員を監督する。

　3　主事は，館長の命を受け，公民館の事業の実施にあたる。

第二十八条　市町村の設置する公民館の館長，主事その他必要な職員は，当該市町村の教育委員会（特定地方公共団体である市町村の長がその設置，管理及び廃止に関する事務を管理し，及び執行することとされた公民館（第三十条第一項及び第四十条第一項において「特定公民館」という。）の館長，主事その他必要な職員にあつては，当該市町村の長）が任命する。

（公民館の職員の研修）

第二十八条の二　第九条の六の規定は，公民館の職員の研修について準用する。

（公民館運営審議会）

第二十九条　公民館に公民館運営審議会を置くことができる。

　2　公民館運営審議会は，館長の諮問に応

じ，公民館における各種の事業の企画実施につき調査審議するものとする。

第三十条　市町村の設置する公民館にあつては，公民館運営審議会の委員は，当該市町村の教育委員会（特定公民館に置く公民館運営審議会の委員にあつては，当該市町村の長）が委嘱する。

2　前項の公民館運営審議会の委員の委嘱の基準，定数及び任期その他当該公民館運営審議会に関し必要な事項は，当該市町村の条例で定める。この場合において，委員の委嘱の基準については，文部科学省令で定める基準を参酌するものとする。

第三十一条　法人の設置する公民館に公民館運営審議会を置く場合にあつては，その委員は，当該法人の役員をもつて充てるものとする。

（運営の状況に関する評価等）

第三十二条　公民館は，当該公民館の運営の状況について評価を行うとともに，その結果に基づき公民館の運営の改善を図るため必要な措置を講ずるよう努めなければならない。

（運営の状況に関する情報の提供）

第三十二条の二　公民館は，当該公民館の事業に関する地域住民その他の関係者の理解を深めるとともに，これらの者との連携及び協力の推進に資するため，当該公民館の運営の状況に関する情報を積極的に提供するよう努めなければならない。

（基金）

第三十三条　公民館を設置する市町村にあつては，公民館の維持運営のために，地方自治法（昭和二十二年法律第六十七号）第二百四十一条の基金を設けることができる。

（特別会計）

第三十四条　公民館を設置する市町村にあつては，公民館の維持運営のために，特別会計を設けることができる。

（公民館の補助）

第三十五条　国は，公民館を設置する市町村に対し，予算の範囲内において，公民館の施設，設備に要する経費その他必要な経費の一部を補助することができる。

2　前項の補助金の交付に関し必要な事項は，政令で定める。

第三十六条　削除

第三十七条　都道府県が地方自治法第二百三十二条の二の規定により，公民館の運営に要する経費を補助する場合において，文部科学大臣は，政令の定めるところにより，その補助金の額，補助の比率，補助の方法その他必要な事項につき報告を求めることができる。

第三十八条　国庫の補助を受けた市町村は，左に掲げる場合においては，その受けた補助金を国庫に返還しなければならない。

一　公民館がこの法律若しくはこの法律に基く命令又はこれらに基いてした処分に違反したとき。

二　公民館がその事業の全部若しくは一部を廃止し，又は第二十条に掲げる目的以外の用途に利用されるようになつたとき。

三　補助金交付の条件に違反したとき。

四　虚偽の方法で補助金の交付を受けたとき。

（法人の設置する公民館の指導）

第三十九条　文部科学大臣及び都道府県の教育委員会は，法人の設置する公民館の運営その他に関し，その求めに応じて，必要な指導及び助言を与えることができる。

（公民館の事業又は行為の停止）

第四十条　公民館が第二十三条の規定に違反する行為を行つたときは，市町村の設置する公民館にあつては当該市町村の教育委員会（特定公民館にあつては，当該市町村の長），法人の設置する公民館にあつては都道府県の教育委員会は，その事業又は行為の停止を命ずることができる。

2　前項の規定による法人の設置する公民館の事業又は行為の停止命令に関し必要な事項は，都道府県の条例で定めることができる。

（罰則）

第四十一条　前条第一項の規定による公民館の事業又は行為の停止命令に違反する行為をした者は，一年以下の懲役若しくは禁錮又は三万円以下の罰金に処する。

（公民館類似施設）

第四十二条　公民館に類似する施設は，何人もこれを設置することができる。

2　前項の施設の運営その他に関しては，第三十九条の規定を準用する。

公民館の設置及び運営に関する基準

（平成15年6月6日）

1　第1条関係（趣旨）

(1)　この基準は，社会教育法第23条の2に基づき，公民館の健全な発達を図るために，その設置及び運営上必要な基準として定めたものであり，公民館及びその設置者は，この基準に基づき，それぞれの公民館の水準の維持，向上に努めるものとすること。

(2)　都道府県教育委員会においては，この基準を踏まえ，公民館を設置する市町村への適切な指導，助言等に努められたいこと。

2　第2条関係（対象区域）

(1)　公民館を設置する市町村は，公民館活動の効果を高めるため，地域の諸条件を勘案し，事業の主たる対象となる区域を定めるものとすること。

(2)　学習ニーズの多様化，高度化や生活圏の広域化に伴い，地域の実情に応じて，対象区域にこだわらない広域的，体系的な学習サービスの一層の充実についても期待されること。

(3)　市町村合併などに際し，公民館の配置が見直されるような場合には，地域住民の利用上の便宜を損うなど，公民館活動の進展が妨げられることのないよう十分に留意願いたいこと。

3　第３条関係（地域の学習拠点としての
機能の発揮）

(1)　公民館は地域の学習拠点として，
多様化，高度化する地域住民の学習
ニーズに対応できるよう，幅広い関
係機関等と共催で事業を実施するこ
となどにより，多様な学習機会の提
供に努めるものとすること。

(2)　地域住民の学習活動に資するよう，
インターネットを通じた情報提供，
衛星通信を活用した大学の公開講座
や子どもたちへの体験活動に関する
情報の収集・提供などにより，幅広
い学習情報の提供に努めるものとす
ること。

(3)　地域の実情に応じて，教育・学習
活動のネットワークの拠点となるよ
う，地域の様々な機関，団体間の連
絡・調整の役割などについても期待
されること。

4　第４条関係（地域の家庭教育支援拠点
としての機能の発揮）

平成13年7月の社会教育法の一部改正
により，教育委員会の事務として家庭教育
に関する学習機会の提供等が法律に明記さ
れ，各地方公共団体における取組みの一層
の充実が求められていることから，地域の
実情に応じて，家庭教育に関する学習機会
及び学習情報の提供，託児室の整備等によ
る託児サービスの充実，子育て支援ボラン
ティアや地域の指導者の情報の収集・提供，
子育てグループやそのネットワーク等の育
成やこれらのグループ等に対する配慮など
により，家庭教育への支援の充実に努める
ものとすること。

5　第５条関係（奉仕活動・体験活動の推
進）

平成13年7月の社会教育法の一部改正
により，教育委員会の事務として青少年へ
の社会奉仕体験活動・自然体験活動等の機
会の提供などが明記され，各地方公共団体
における取組みの一層の充実が求められて
いることから，地域の実情に応じて，公民
館においても青少年の体験活動事業，ボラ
ンティアの養成研修，セミナーの開催，ボ
ランティアコーディネーターによる情報の
収集・提供などにより，奉仕活動・体験活
動に関する学習機会や学習情報の提供の充
実に努めるものとすること。

6　第６条関係（学校，家庭及び地域社会
との連携等）

(1)　平成13年7月の社会教育法の一部
改正により，地方公共団体が任務を
遂行するに当たっては，学校教育と
の連携確保や家庭教育の向上への必
要な配慮が求められていることか
ら，公民館においても，事業を実施
するに当たっては，関係機関・団体
との緊密な連絡・協力などにより，
学校，家庭及び地域社会の連携の推
進に努めるものとすること。

(2)　地域住民の多様な学習ニーズに適
切に対処するため，その対象区域内
に公民館に類似する施設がある場合
には，情報の収集・提供，事業の共
同施設などにより，必要な協力及び
支援に努めるものとすること。

(3)　事業を実施するに当たっては，参
加体験型事業の実施，大活字本や点
字の資料の活用，託児サービスの充

実などにより，青少年，高齢者，障害者，乳幼児の保護者等の参加が促進されるよう努めるものとすること。

(4)　事業を実施するに当たっては，講師，ボランティア等としての受け入れなどにより，地域住民等の学習の成果並びに知識及び技能を生かすことができるよう努めるものとすること。

7　第7条関係（地域の実態を踏まえた運営）

(1)　公民館の設置者は，地域の実情に応じて，公民館運営審議会を十分に活用することなどにより，地域住民の意向を適切に反映した公民館の運営に努めるものとすること。

(2)　その際，人々の生活様式の多様化に対応し，例えば，各公民館ごとに異なった曜日を休館日としたり，夜間開館により昼間は利用できない人の利用や，夜間の事業準備などについて配慮するなど，それぞれの地域の実情を踏まえた開館日及び開館時間の設定の工夫を行い，地域住民の便宜を最大限に図るよう努めるものとすること。

8　第8条関係（職員）

(1)　公民館には，館長を置くほか，その規模及び活動状況に応じて，求められる役割を十分に果たすことができるよう，適正な数の公民館主事その他必要な職員を置くよう努めるものとすること。

(2)　館長及び公民館主事については，多様化，高度化する地域住民の学習ニーズ等に的確に応えるため，社会教育に関する識見と経験を有し，事業に関する専門的な知識及び技術を有するものをもって充てるよう努めるものとすること。

(3)　公民館の設置者は，職員の資質及び能力の向上を図るため，国際化，情報化等の進展など現代的課題への対応に配慮しつつ，継続的，計画的な研修の機会の充実に努めるものとすること。

また，職員自らも，公民館の運営上支障がない限り，種々の研修機会を積極的に利用することなどにより，専門性のある職員としての資質及び能力の向上を図ることが期待されること。

9　第9条関係（施設及び設備）

(1)　公民館は，地域の実情に応じ，例えば，多目的に利用できるオープンスペース等を整備するなど，必要な施設及び設備を備えるものとすること。

(2)　施設及び設備の整備に当たっては，地域の実情に応じて，例えば，パソコンや視聴覚機器の整備，スロープや車椅子用トイレの整備，託児室の整備を図るなど，青少年，高齢者，障害者，乳幼児の保護者等の利用の促進を図るために必要な施設及び設備を備えるよう努めるものとすること。

10 第10条関係 (事業の自己評価等)

(1) 公民館は，事業の水準の向上を図り，公民館の目的を達成することができるよう，日頃の運営方法の工夫，改善に努めるとともに，事業の成果等について自己点検・自己評価を行い，その結果を地域の住民に公表するよう努めるものとすること。

(2) その際，利用者である地域住民の意向が適切に反映されるよう，公民館運営審議会を十分に活用することが望ましいこと。なお，必要に応じて，外部評価を導入することについての検討も期待されること。

11 その他

(1) 公民館やその分館の設置に当たっては，地域住民の利用上の便宜等の観点から，地域の実情に応じて，学校の余裕教室や民間施設などを活用することについても考えられること。

(2) 「公民館」の呼称については，必要に応じて，利用者である地域住民に親しまれるような呼称を付けることについても考えられること。

この本を手にとっていただいた皆様へ

＜出版の趣旨＞

　この本は，人口減少社会にあって「社会教育」の運営に携わっていらっしゃる関係者や「社会に開かれた教育課程」を実現するために奮闘していらっしゃる教育関係者に，参考にしていただきたいと願い企画したものです。

　社会教育は，戦後の混乱期や高度経済成長期にあって，公民館や婦人会，子ども会，青年団などの活動が，日本のソーシャルキャピタル（安心して暮らすことができる社会的資本）として，国民生活の安定に大きく寄与してきました。これらの活動は地域の人々をつなぐ役割を果たし，住民は孤立することなく助け合ったり，支えあったりしてきたのです。

　しかし，人口減少社会が到来し，社会の構造も変化しました。既存の組織の維持や活動の運営が困難になる中，社会教育の果たすべき役割も変化しています。社会教育担当の行政職員や，新しくPTA役員になった方，公民館や婦人会を運営する方々は，様々な問題に直面していると思います。

　こういった方々を力づけるためには，活動の意味や歴史的位置づけを知り，現状を見直すための教科書のようなものが必要だと考えておりました。正解は示されていないが，基本的考えや方向性が示されている本です。この本を基に，時代に即した新しい活動を創造することができれば，すばらしいと思います。

　そこで，県生涯学習課の椋本参事と相談してこの本を企画し，なんとか江頭先生に筆を執っていただくことができました。皆様には，江頭先生の知見と思いを手掛かりに，これからの社会教育や地域学校協働活動を創り上げていただきたいと思っています。

　この本が，皆様の活動の一助となることを願ってやみません。

元長崎県教育委員会生涯学習課長　山　口　千　樹
（現在　長崎県立長崎北陽台高等学校長）

<出版までの取組の経緯>

　この本は，江頭明文先生が長崎県社会教育委員会の委員長を務められた，4期8年間の集大成として出された第33期長崎県社会教育委員会答申「活力ある地域づくりに貢献する実践的人材の育成方策」を基に，ご自身が実際に見聞された取組や委員会での協議，各地での講演資料等を織り交ぜ，今後の社会教育の方向性を誰にでもわかりやすくまとめられたものです。是非，あらゆる立場の方々にご活用いただきたいと思います。

　この8年間，先生が最も多く使われた言葉は「見える化」ではないかと思っています。今では誰もが使う言葉ですが，当時はほとんど使われていなかった言葉でした。当時，江頭先生は「社会教育が見えなくなった。『見える化』しなければ社会教育が終わってしまう。」と語られていたのをよく思い出します。

　最初に取り組まれたのは，「社会教育委員の見える化」でした。地域住民が社会教育を意識するために，「動く社会教育委員」の育成に努められました。県内市町の社会教育委員会へ出向き，委員としての役割等を講演され，自ら「動く社会教育委員」を体現されていました。また，他の県社会教育委員には活動報告を求められ，HP等での情報発信を積極的に推進されました。県の会議では，各市町の社会教育委員会の活動状況を報告していただくなど，市町社会教育委員会の活性化にも尽力されました。

　一方，県社会教育委員会では「社会教育の見える化」の協議を進める中で，これまでの公民館や子ども会，婦人会，青年団などの活動を基盤とした社会教育が弱体化し，様々な部署や機関・団体等でこれまでとは違う形態で社会教育的な取組が実践されていることが分かってきました。これからの社会教育ではそれぞれが展開している社会教育的要素の活動を結びつけ，連携・協働して取り組むことが大事であると答申で提言するに至りました。そこで，県社会教育委員会に教育委員会の各課を始め，知事部局の政策企画課，地域づくり推進課，若者定着課等に出席を求め，社会教育をプラットフォームとしながら関係各課の事業も結びつける協議を進められました。今では関係各課の事業や研修会等で情報交換しながら，実際に互いに関わりをもって取り組むようになってきました。行政の関係各課を連携・協働することで実質化し，社会教育を「見える化」した取組を推進されました。

　こうして，長崎県の社会教育は，今では合言葉になりました「多世代・多分野が連携・協働しながら，人をつなぎ，人を育み，地域を元気にする社会教育」を推進する体制づくりが確立されました。

　これは，江頭明文先生が長崎県の社会教育の先頭に立って，その方向性を示され，

県生涯学習課をはじめ，関係各課・市町を，根気強くかつ懸命に叱咤激励していただいたおかげであります。

　私と江頭先生との出会いはいつであったのか，思い起こしてみると 20 年近く前だったのではないかと思います。

　はっきり覚えていますのは長崎県西彼杵郡社会教育連絡協議会の総会時の研修会で，人権教育講演会をされているときの姿です。いつもは講師に向かって平気でだめ出しをしている諸先輩が頷きながら，江頭先生の低い声で語りかける講演に聴き入っていました。その後の懇親を深める会では，江頭先生の周りには各市町の担当者の車座ができ，大いに盛り上がっていました。当時の私は県派遣社会教育主事として勤務を始めたばかりでしたが，豪傑の先輩方をうならせるスゴイ人がいるなあと，学校教育から来たばかりの私はすごく感動したのをつい先日のように思い出します。

　私は江頭先生と出会い，大きく人生が変わりました。私は，今ではすっかり社会教育のすばらしさに魅せられ，地域の方々と向き合い・語り合い，ふるさと長崎を元気にするために，自分のできることをできる限りやってみようと思っています。

　この本を手にとっていただいた皆さんもきっと私と同じように，自分のふるさとを元気にするため，活動を起こし，人生が大きく変わることを期待しております。

　　　　　　　　　長崎県教育庁生涯学習課社会教育班参事　椋　本　博　志

〈参考文献等〉

・「生涯学習概論」　国立教育政策研究所社会教育実践研究センター

　　　　馬場祐次朗　執筆・編集代表（2018 年）　　株式会社ぎょうせい

・「社会教育経営論」　国立教育政策研究所社会教育実践研究センター

　　　　浅井　経子　執筆・編集代表（2020 年）　　株式会社ぎょうせい

・「社会教育委員のための Q&A 〜関係法規から読み解く〜」

　　　　（一社）全国社会教育委員連合　企画・編集　株式会社美巧社

・「社会教育を知っちゅう？〜学びを支援する社会教育ハンドブック〜」

　　　高知県教育委員会

・長崎県立五島高等学校「バラモンプラン」研究報告集

・長崎県社会教育委員会答申（2016 年）

　「活力ある地域社会づくりに貢献する実践的人材の育成方策」

・中央教育審議会答申（2018 年）

　「人口減少時代の新しい地域づくりに向けた社会教育の振興方策について」

【協力いただいた団体等】

・NPO 法人　度島地区まちづくり運営協議会

・南島原市津波見名振興協議会

・ボランティアグループ　ささえさんの会

・佐世保市小佐々町　海光る町学園

・長崎県教育委員会

・長崎県立五島高等学校

```
┌─ 著者略歴 ─┐
```

江 頭 明 文

1951 年長崎市生まれ　広島大学教育学部卒業
長崎県公立小学校教員　長崎県公立小学校長
長崎県教育庁生涯学習課指導主事
長崎県教育センター次長
長崎県教育庁義務教育課長
長崎県教育次長（2012 年 3 月退職）
長崎大学地域教育連携支援センター教授
長崎県社会教育委員会委員長
長崎県社会教育委員連絡協議会会長
（現在）
長崎県社会教育支援「草社の会」　顧問
特定非営利活動法人「長崎SDGsクラブ」　副代表理事

「つながり」で目指す
持続可能なふるさとづくり

令和 3 年12月15日　第 1 刷発行

著　者　江　頭　明　文

発　行　株式会社ぎょうせい

〒136-8575　東京都江東区新木場1-18-11
URL：https://gyosei.jp

フリーコール　0120-953-431

ぎょうせい　お問い合わせ　検索　https://gyosei.jp/inquiry/

〈検印省略〉

印刷　ぎょうせいデジタル株式会社　　　　　　　　©2021　Printed in Japan
※乱丁・落丁本はお取り替えいたします。

ISBN978-4-324-11073-7
(5108762-00-000)
〔略号：持続可能なふるさと〕